KAWADE
夢文庫

最新版

イギリスの歴史が2時間でわかる本

歴史の謎を探る会[編]

JN088273

河出書房新社

イギリス史を理解すると人類のたどった道のりが見えてくる ●まえがき

イギリス史を知れば、世界史はほぼ理解できる。近代以降、イギリスは世界帝国を築《きず》き上げ、地球上にその影響を受けていない国は、ほとんど存在しないといっていい。現代の二大超大国にしても、アメリカはイギリスの旧植民地、中国は半植民地状態におかれていた。現在まで尾を引く、パレスチナ問題、アフガン問題にしても、古くはイギリスが種をまいたものだ。

さらに、世界の政治史や経済史は、イギリスのそれらとほぼ重なり合う。憲法、議会、責任内閣制度はイギリスで生まれ、資本主義もこの国でスタートした。

というように、イギリス史を理解することは、人類の歴史がどのように動いてきたかを理解するいちばんの近道なのだ。

ヨーロッパ大陸の北西に浮かぶ孤島《ことう》が、どのように文明化し、いちはやく近代化に成功して大英帝国を築くにいたったか？　なぜ急激に斜陽化《しゃようか》したあと、立て直しを図ることができたのか？　ストーンヘンジからエリザベス2世死去まで、波瀾万丈《はらんばんじょう》の英国史をまとめた本書で、歴史のダイナミズムをご堪能《たんのう》ください。

歴史の謎を探る会

イギリスの基礎知識

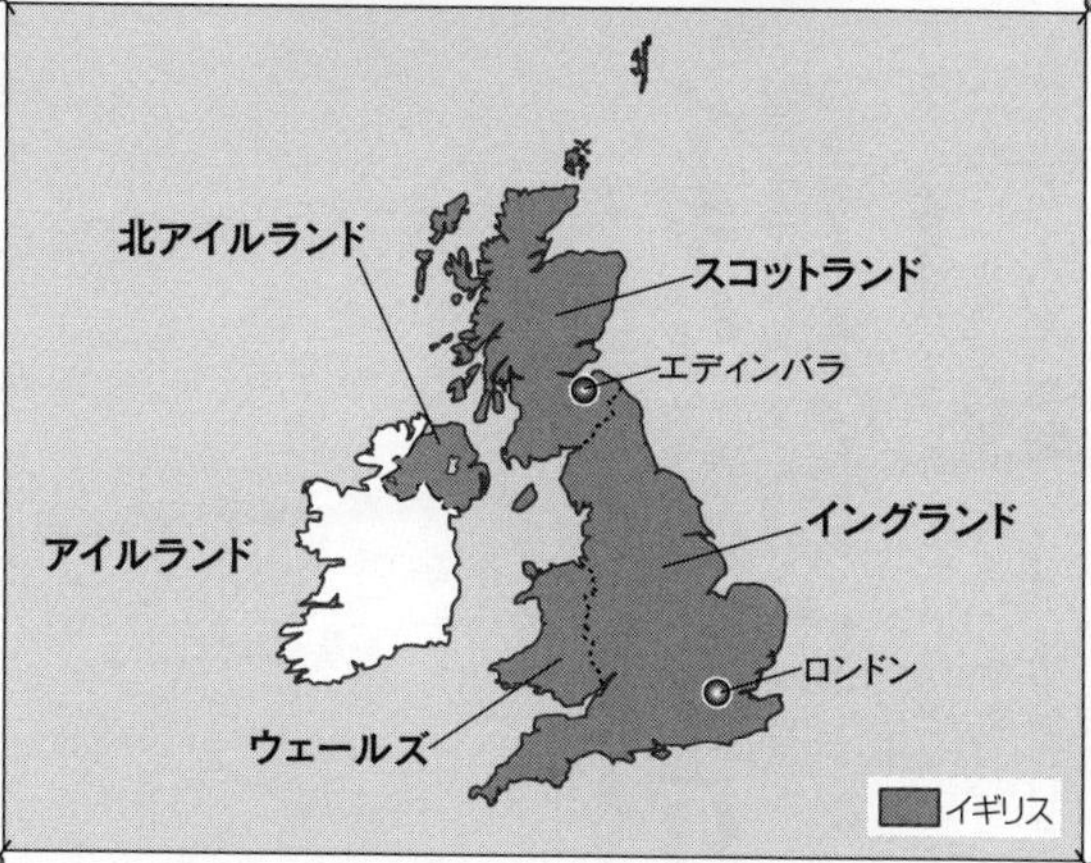

グレートブリテン及び北アイルランド連合王国（通称：イギリス）

（イングランド、スコットランド、ウェールズ、北アイルランドから構成される）

- 面積――24.3万平方キロメートル（日本の約3分の2）
- 人口――6,708万人（2020年）
- 首都――ロンドン（人口約902万人/ 2020年）
- 言語――英語（ウェールズ語、ゲール語などの使用地域あり）
- 宗教――英国国教会など
- 政体――立憲君主制
- 元首――チャールズ3世国王陛下（2022年9月8日即位）
- 首相――リシ・スナク（保守党）
- 通貨――スターリング・ポンド（1ポンド＝約162円/2023.3.22付）

※外務省HP等を参考に作成

1 イギリスの起こりと諸民族の興亡

――「アーサー王伝説」から「議会」の誕生まで――

2 長期にわたる戦争の末、テューダー朝が成立

「百年戦争」から「ばら戦争」まで――

3 イギリスの繁栄を築いた絶対王政の時代

「ヘンリ8世」から「エリザベス1世」の活躍まで――

4

立憲君主制の成立と大ブリテン王国の誕生

「ピューリタン革命」の勃発から「産業革命」まで――

5 植民地経営による大英帝国の繁栄

「アメリカの独立」から「パックス・ブリタニカ」まで——

6 世界大戦の勃発と今日に続くイギリス

―「第一次世界大戦」から「エリザベス2世」死去まで―

カバー写真●ロイター／アフロ
本文写真●PIXTA／フォトライブラリー
地図版作成●AKIBA
協力●オフィスGEN

1

「アーサー王伝説」から「議会」の誕生まで――

イギリスの起こりと諸民族の興亡

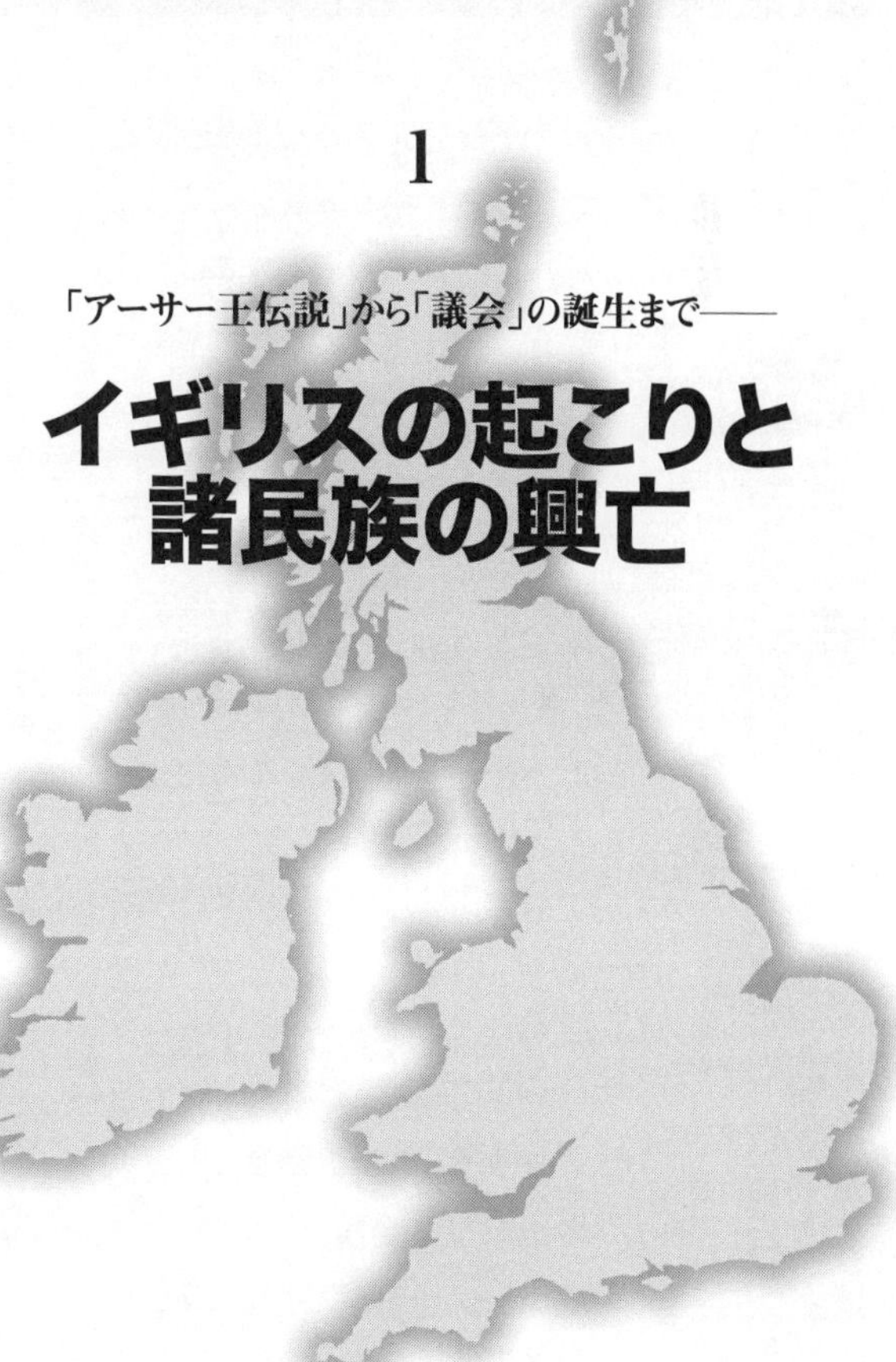

イギリス			日本
	前7世紀ごろ	ケルト人の渡来がはじまる	
	122	ハドリアヌスの城壁建造開始	
	2世紀ごろ	キリスト教の伝来	
	4世紀後半	ゲルマン人の移動がはじまる	
アングロ・サクソン七王国	8世紀末	**七王国(ヘプターキー)**建設	平安時代
		デーン人の侵入がはじまる	
	871	ウェセックス王アルフレッド即位	
デーン朝	1016	デーン人のクヌートによる征服	
ノルマン朝	1066	**ヘースティングズの戦い** (=ノルマン・コンクェスト)	
プランタジネット朝(アンジュー帝国)	1154	**ヘンリ2世**即位	
	1167	オックスフォード大学創立	
	1189	**リチャード1世**即位	
	1199	ジョン即位	鎌倉時代
	1209	ジョンが教皇インノケンティウス3世に破門される	
	1215	**マグナ・カルタ制定**	
	1216	**ヘンリ3世**即位	
	1264	シモン・ド・モンフォールの乱	
	1265	イギリス議会のはじまり	

ストーンヘンジ

いつ、どんな人々が、何のために作ったのか？

古代のイギリス（ブリテン島）を代表する遺跡といえば、**ストーンヘンジ**をはじめとする巨石建造物だ。なかでも、ソールズベリ近郊のストーンヘンジがよく知られているが、何のために築かれたものかは、いまだ謎のままである。「天体の運行を知るための天文台の役割を果たしていた」とも、「宗教施設だった」ともいわれる。一時は「ドルイド僧の祭祀《さいし》場」ではないかといわれていたが、現在では否定されている。ドルイド僧は、ヨーロッパ先住民のケルト人の祭司のことであり、占星、預言《よげん》を得意とした。**ケルト人は、紀元前7世紀から紀元前2世紀ごろにかけて、大陸からブリテン島に渡り、この地に鉄器をもたらした人々**だ。

ところが、このストーンヘンジは、ケルト人がブリテン島に到来する前から存在していたことがわかったのだ。紀元前2800年から紀元前1100年ごろまで、数次に分かれて建設されていることが判明し、ケルト人が建設したという説は否定された。

では、誰がストーンヘンジをつくったかといえば、これはいまだ謎である。ただ

ストーンヘンジ

し、西フランスや地中海沿岸にも巨石建造物があるので、大陸で巨石文化を築いた民がブリテン島にもたらしたとも考えられている。

それらの巨石文化に何らかの役割を果たしていたとみられるのが、**ビーカ人**である。彼らは、紀元前2200年から紀元前2000年ごろにブリテン島に渡来し、戦士として先住民を支配した。ビーカ人は、埋葬の際にビーカーのような口広の土器を副葬品としたところから、後世この名がつけられた。

ビーカ人到来後も、ブリテン島には大陸から多様な民族が渡ってきた。

その代表がケルト人であり、鉄器を持つケルト人にとって同島の先住民は敵ではなかった。

最後に到来したケルト人の一派は、紀元前2世紀末に到来したベルガエ人である。

ベルガエ人という民族名は、のちにベルギー国名の由来となるが、古代ローマでは彼らのことを「ブリトネス（ブリテン人）」と呼んだ。そこから、イギリス本島は「ブリタニア（ブリテン島）」と呼ばれるようになった。

やがて、ベルガエ人は「ブリトン人」と呼ばれるようになる。

ローマによる支配——イギリスの「歴史」はどうやってはじまったか？

いまイギリスと呼ばれる地域が歴史の舞台に登場するのは、古代ローマの版図がブリテン島にまで拡大してからのことである。

ローマは地中海世界の覇者となると、次にガリア（主に現在のフランス）の征服と安定に力を注《そそ》いだ。とりわけ、紀元前1世紀、カエサルがガリアの征服地域を拡大すると、ガリアの反ローマ勢力はブリテン島を拠点のひとつとした。すると、カエサルは、ブリトン人のガリア支援を絶つべく、ブリテン島への遠征を試みる。ところが、カエサルはブリトン人を完全には打ち破れず、紀元前54年の遠征で、ロー

イギリスにおけるローマの最大領域

マへの貢税を認めさせたにとどまった。

ローマが本格的にブリテン島制圧に乗り出すのは、カエサルの時代から1世紀を経てのことである。すでに帝政時代に入っていたローマは、紀元43年、皇帝クラウディウスが大軍を率いて侵攻、ブリテン島に拠点を築いた。**紀元1世紀末には、ローマは同島の大半を支配、属州とした。**

ローマに最後まで抵抗したのは、同島の北部、カレドニア（スコットランド）にいた**ピクト人**である。ピクトはラテン語で「刺青《しせい》の民」を意味し、ケルト系の民だったとみられる。

ローマ五賢帝のひとり、ハドリアヌス帝は１２２年、ピクト人に備えて全長１１６キロメートルにおよぶ**「ハドリアヌスの城壁」**を築かせた。ローマは、辺境では城壁を築いて防衛線とすることが多かったが、ブリテン島でも同様の防衛戦略を打ち出したのだ。**この壁がのちにイングランドとスコットランドの境界線になる。**

ローマの属州時代、ブリテン島は「ローマの平和」に守られる。それが**「ローマン・ブリテン」**と呼ばれる時代で、土木技術にすぐれたローマ軍団がブリテン島全土に都市を築き、舗装道路を整備、川には橋をかけた。それらのインフラには、2000年近くを経て、いまなお使われているものもある。

4世紀末、ブリテン島にいたローマ帝国が瓦解《がかい》しはじめると、ローマン・ブリテンの平和も失われていく。ブリテン島にいたローマ軍団は次々と大陸に引き揚げ、防衛力が弱まって、ハドリアヌスの城壁はピクト人によって破られてしまう。

やがて、ローマが東西に分裂すると、410年、西ローマ皇帝ホノリウスは、ブリテン島の都市に向けて「自衛すべし」と通告、ローマによる防衛を放棄する。以後、ブリテン島のケルト系の諸族が自立しはじめるが、そこへ大陸からゲルマン人が押し寄せてくる。

ゲルマン人の大移動――どうやってアングロ・サクソンの国を建てたのか？

4世紀末、大陸ではゲルマン人の大移動がはじまり、その大移動はブリテン島にもおよんだ。

ゲルマン人の大移動

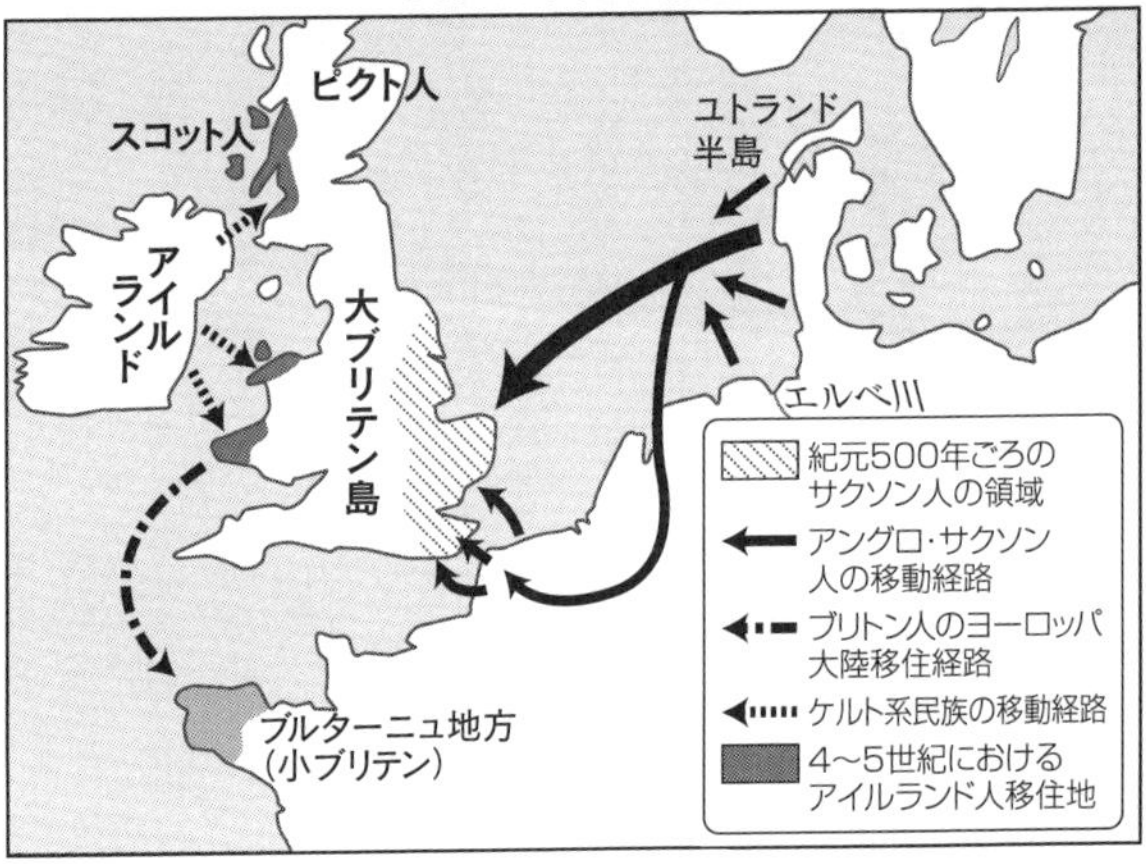

ゲルマン人たちは、海を越えてブリテン島に渡り、彼らは、のちに**アングロ・サクソン人**と総称されるようになる。

アングロ・サクソン人とは、アングル人、サクソン人、ジュート人、フリースラント人らの総称。彼らは、ドイツのエルベ川下流域やユトランド半島から、ブリテン島に何度も押し寄せた。

ただ、アングロ・サクソン人がブリテン島に上陸したのは、侵攻したというよりも、招かれてのことだったとみられている。当時のブリテン島には、ブリトン人の小さな国がいくつもあり、ブリトン人の王たちは、他の国と戦うため、あるいは優位に立つため、アングロ・サクソン人の戦闘能力に期待して、島内に招き入れたのである。

しかし、ブリトン人らのその目算ははずれ、やがてブリトン人とアングロ・サクソン人の戦いがはじまる。戦いはアングロ・サクソン勢力優勢に推移し、ブリトン人は同島の西側や北側へ追いやられる。

ブリテン島での土地を失ったブリトン人のなかには、ドーバー海峡を逆に渡って、ヨーロッパ大陸に移住する者が現れた。その移住先は、主にいまのフランス・ブルターニュ地方であり、その地名はブリトン人にちなむ。いまのブリテン島を「グレート・ブリテン（大ブリテン）」というのは、フランスのブルターニュ地方（小ブリテン）と比べると、面積が大きいからだ。

アングロ・サクソン人は、やがて小さな部族国家をつくりはじめ、7世紀にはおよそ20の小さな部族国家が乱立した。それがしだいに統合されて、ノーザンブリア、イースト・アングリア、エセックス、ケント、マーシア、サセックス、ウェセックスの**「七王国（ヘプターキー）」**となる。

9世紀前半には、**ウェセックス王エグバート**が現れ、七王国をゆるやかな形で統合する。**それがアングロ・サクソン人の最初の統一国「アングリア」、英語でいう「イングランド」**のはじまりである。

アングロ・サクソン七王国

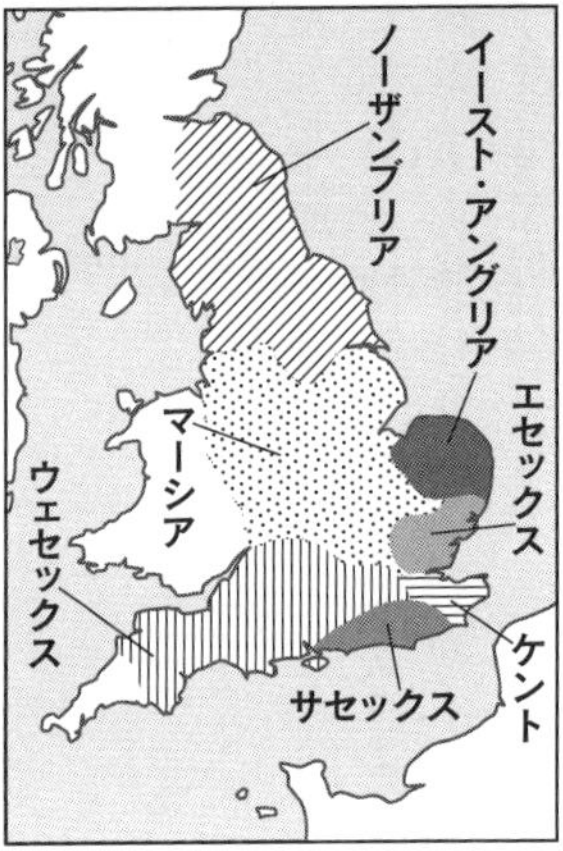

ただし、イングランドは、ブリテン島全域を支配したのではなく、ブリテン島北部と西部の一部は支配領域外だった。

島の北方では、もとはアイルランドにいたスコット人が移住しはじめ、先住民のピクト人と融合《ゆうごう》し、スコットランドを形成していく。島の西側の一部には、ブリトン人が残り、ウェールズを形づくっていく。

アーサー王伝説
イギリスでもっとも有名な王が誕生した背景とは

アーサー王といえば、イギリスでもっとも有名な王である。イギリスどころか西洋、日本でも有名な英雄であり、彼と円卓の騎士たちの物語は「アーサー王伝説」として知られている。

「アーサー王伝説」では、アーサーは神剣エクスカリバーを手に入れ、ブリトン王となり、大陸にまでその力を見せつける。アーサー王の周囲には、預言者マーリン、湖の騎士ランスロットらすぐれた臣下が集まり、大活躍する。また、円卓の騎士のひとりトリストラム（トリスタン）の恋物語は、のちにドイツの作曲家ワーグナーによって、傑作オペラ「トリスタンとイゾルデ」に集約される。

アーサー王伝説の舞台は5世紀から6世紀にかけてのイングランドだが、伝説がまとめられたのは12世紀である。ジェフリー・オブ・モンマスというウェールズ出身の作家が『ブリタニア列王伝』を著し、その3分の1はアーサー王に関する記述だった。以後、アーサー王伝説は膨《ふく》らみつづけ、15世紀にトマス・マロリーが『アーサー王の死』を著し、伝説を集大成する。

アーサー王伝説は、まったくの作り話ではなく、モデルらしき人物はいる。5世紀末、ブリテン島南部にいた**アルトゥス**という武将である。彼は、ブリトン人の武将としてアングロ・サクソン勢力相手に奮戦したとみられている。それが、やがて伝説として膨らんだと考えられているのだ。

アーサー王伝説が発展した背景には、ブリトン人の怨念《おんねん》と再興への希望があった。ケルト系のブリトン人は同島の先住民でありながら、大陸から侵攻してきたアングロ・サクソン勢力に敗れていく。

彼らは、同島周辺部のコーンウォールやスコットランド、ウェールズに追いやられ、ケルト文化はアングロ・サクソン文化に駆逐《くちく》されていく。その怨念がアルトゥスという武将を伝説的な英雄にまで高めたとみられるのである。

また、ブリトン人の末裔《まつえい》であるウェールズ人らは、アーサー王の復活を信じた。そうして、アーサー王とその騎士たちは島のどこかに眠っていて、来るべき日に帰還するという「アーサー王の帰還」伝説が生まれる。そこには、ブリトン人の王国を復活させたいという希望がこめられていた。

デーン人の侵入――アルフレッド大王は、いかにして王国を守ったか？

8世紀末から、イングランドは新たな民族移動の波に呑《の》み込まれる。ヴァイキングによる襲撃、略奪、征服、移住である。ヴァイキングの活動によって、中世イギリス史は複雑な経緯をたどりはじめる。

ヴァイキングは、スカンディナヴィア半島、ユトランド半島に居住していた北ゲルマン人の総称といっていい。ノルウェーにはノール人、デンマークには**デーン人**、スウェーデンには**スウェー人**がいて、彼らの総称がヴァイキングで、あるいは「北方の人」を意味する**「ノルマン」**とも呼ばれた。

ヴァイキングのなかでもイングランドをよく襲ったのは、デーン人である。ウェセックス王エグバートが七王国を統合するころ、デーン人はすでにイングランドに侵入しはじめていた。エグバートによる統合が成立したのも、デーン人の侵攻に対抗するためという共通意識がブリテン島側にあったからだ。

しかし、デーン人の侵攻の前に、イングランド七王国は次々と屈伏し、デーン人は9世紀後半、イングランド東北部に移住地帯をもつようになった。

そのデーン人に対して立ち上がったのが、七王国のうち唯一屈伏していなかった**ウェセックス王アルフレッド**である。アルフレッドはエグバートの孫にあたり、デーン人と激戦を繰り返すなか、即位する。即位するや、イングランドの在地勢力を結集し、反撃を開始した。

のちに「大王」とも称されるアルフレッドは、軍制を改革し、優勢に戦いを進めるが、デーン人をブリテン島から追い出すことはできなかった。最終的に、アルフレッドはデーン人と平和共存を目指し、デーン人をキリスト教に改宗させた。それまで、ヴァイキングは土着的な北欧の神々を信じていたのだ。

一方、ブリテン島には、すでにローマ帝国の時代、キリスト教が伝わり、イングランド七王国が形成される過程で根づいていた。アルフレッドは、ヴァイキングにもキリスト教への改宗を勧め、同じ宗教を信じることにより、融和《ゆうわ》を進めようとしたのである。

アルフレッドの活躍によってデーン人も譲歩し、平和が得られるが、その一方、イングランドにデーン人が根づくことになる。デーン人は、主にイングランドの北東側に居住し、その地は「デーンロウ」と呼ばれ、デーン人の法習慣による統治が行なわれた。

デーン朝――クヌートの「北海帝国」の前に、なぜイングランドは無力だったか？

アルフレッド大王やその後継者で「平和王」といわれたエドガー王の時代、イングランドはデーン人との共存を図っていたが、エドガーが死去すると、情勢は一変する。ふたたびデーン人の侵攻が激化、イングランドはついにデーン人に征服されてしまう。

イングランドがデーン人の侵攻に対抗できなかったのは、エドガー王の後継者たちがデーン人に対して弱気になったからといえる。彼らは、お金で平和を買おうとしたのだ。後継者のエゼルレッド2世らは、991年から、デーン人にお金を支払って、イングランド侵攻をなんとかとどめさせていたのだ。

やがて、イングランドは、対デーン人対策に味方を求め、フランスのノルマンディ公と同盟を結ぶ。ノルマンディ公はデーン人の子孫だったが、フランスに勢力圏をもつと、新たなデーン人の侵攻に脅威を感じるようになっていた。その同盟がやがてノルマンディ公のイングランド征服に利用されることになろうとは、そのときは誰も考えもしなかった。

ただ、イングランドのお金による平和政策や同盟政策もむなしかった。1013年、デーン人のスウェイン・ハラルドソンが、息子の**クヌート（カヌート）**とともに、大挙侵攻してきたのだ。

イングランドは、侵攻の前に無力だった。征服を企図したスウェインは死去するが、クヌートがイングランド王として23歳で即位。**クヌートはデンマーク王、ノルウェー王を兼ねたうえ、スウェーデン、ノルウェーも掌中《しょうちゅう》にする。**

クヌートはスカンディナヴィアからイングランドに及ぶ「北海帝国」の帝王となり、イングランドはその一部となったのだ。

クヌートの統治時代は**「デーン朝」**と呼ばれる。クヌートはデーン人、アングロ・

サクソン人双方を平等に扱い、公平な帝国を目指すが、その王朝は長続きできなかった。1035年、クヌートが死去すると、アングロ・サクソンによる王朝がいったん復活する。しかし、その復活王朝も不安定であり、新たな征服を招くことになった。

ノルマン・コンクエスト――ノルマン人はイギリスをどのように征服したのか?

1066年は、中世イギリス史にとって、衝撃的かつ画期的な年になる。**ノルマンディ公国のギョーム2世**がブリテン島に上陸、アングロ・サクソンによる復活王朝を打ち倒し、**ノルマン王朝**を築いたのだ。この征服は、**「ノルマン・コンクェスト(ノルマン人による征服)」**と呼ばれる。

ノルマン王朝を打ち立てたギョーム2世は、ヴァイキングの子孫である。彼の祖先はノルマン人の**ロロ**といい、ロロが911年にフランスのシャルトルを包囲すると、西フランク王は勝てないとみて、ロロにコタンタン半島を与えた。それが、ノルマン人の地という意味の「ノルマンディ」と呼ばれるようになる。

やがて、ロロの一族はフランス化し、ノルマンディ公国はフランス内の強国となる。ロロの子孫のギョーム2世は、早くからイングランド王の地位を狙っていたとみられる。かつて、イングランド王家とノルマンディ公家がデーン人相手に同盟を結んだあと、両者は縁戚関係を築いていたのだ。

イングランドのエゼルレッド2世とノルマンディ公リシャール2世の妹・エマが結婚し、生まれた子・エドワードは半ば亡命という形で、ノルマンディ公国で暮らしていた。1042年、エドワードはイングランドに戻り、イングランド王の座に就くが、子どもに恵まれなかった。そのころ、エドワード王はすでにギョーム2世に後継者の座を約束していたともいわれる。

1066年、エドワードが死去すると、事態は大きく動く。イングランドの王位を狙っていたのは、ギョーム2世だけではなかったのだ。まずは、エドワード王の義弟である**ゴドウィン家のハロルドが、エドワード王から指名を受けたとして、王に即位**する。

ギョーム2世はこれに怒り、イングランド侵攻作戦にかかる。ところが、そのときすでに、イングランドの混乱に乗じて、ノルウェー軍がイングランドへ侵攻していた。王のハロルドはノルウェー軍を打ち破り、返す刀でギョーム2世の軍勢と、イングランド南部のヘイスティングズで激突する（**ヘイスティングズの戦い**）。

ノルマン人による征服

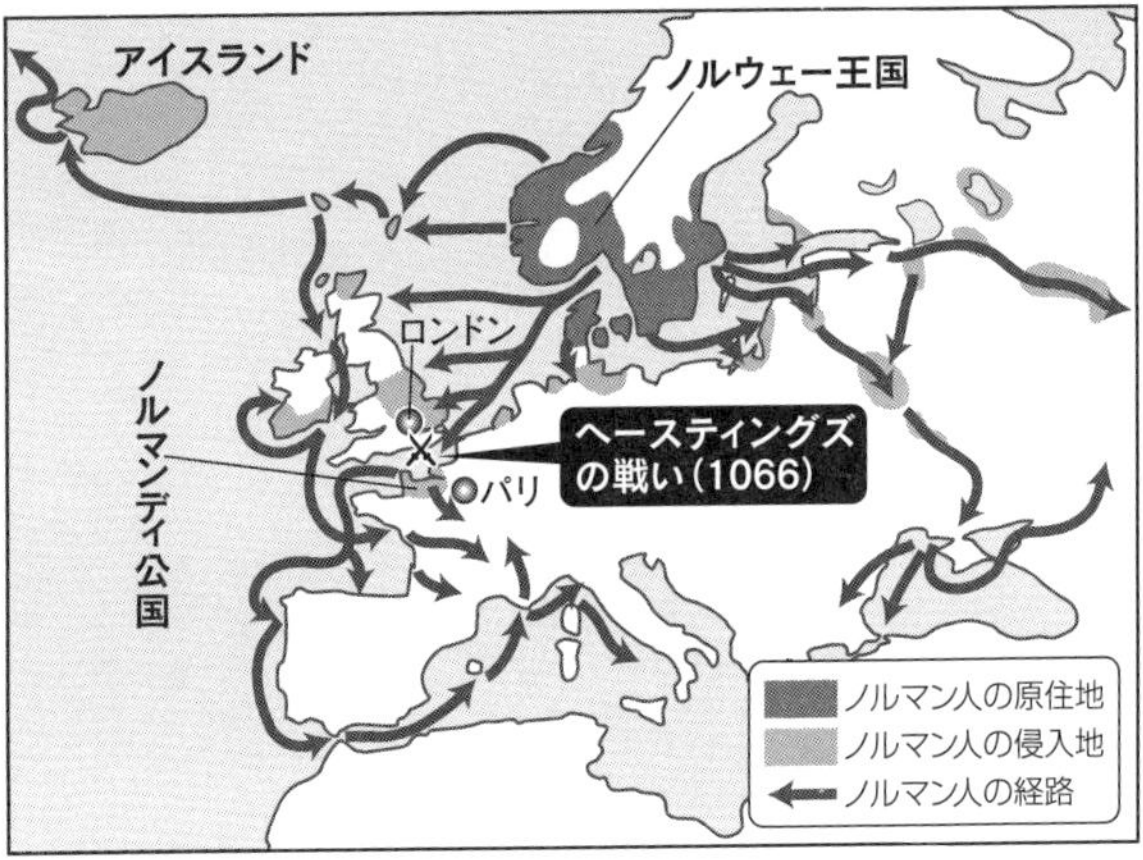

勝利したのはギョーム2世の軍勢で、彼はウィリアム1世として即位、ノルマン朝を開いた。「ウィリアム」とは、フランス語「ギョーム」の英語読みである。

ノルマン朝による征服がイギリスにとって画期的かつ衝撃的だったのは、征服者がフランス化していたうえ、その征服ぶりが徹底的だったからだ。それまでの征服者は先住の豪族クラスの権益には手をつけなかったが、ウィリアムとその一派は違った。征服者たちは従来の豪族たちから権益を奪い、自分たちのものにした。アングロ・サクソン人の土地は、イングランドの5パーセントを占めるのみになった。その影響で、今なお、イギリスの貴族にはフランス系の家系が多い。

この時代に、フランスの言語や文化が持ち込まれたため、イギリスの言語・文化に、フランス的なものが植えつけられた。

また、征服者であるウィリアム1世にとって、本拠地はあくまでフランスのノルマンディであった。彼はフランス王の臣下であったので、イングランドにフランス系国家が生まれたとはいえ、逆に見れば、イングランド王がフランスに領地を持っているともいえる状態になった。この複雑な関係が、百年戦争など、その後の長きにわたる英仏の戦いの主因になっていく。

いずれにせよ、**ノルマン王朝は、イングランド史における最後の征服王朝**となった。それまで、イングランドにはケルト、アングロ・サクソン、デーン人らが侵入、移住してきた。ノルマン王朝はイングランドの最後の侵略者であり、以降の征服の試みは失敗に終わる。フェリペ2世のスペインに対する、ナポレオンのフランス、ヒトラーのドイツという大陸の強国は、すべてイギリス上陸に失敗した。

ウィリアム1世

ノルマン朝を築いた英雄は、どんな人物だったか?

イングランドにノルマン王朝を築いたウィリアム1世は、一代の英雄といっていい大王だ。その母親は皮なめし職人の娘であり、父ロベールが一目ぼれしたことによって、彼が生まれる。

庶子《しょし》ながら一人息子だったウィリアム1世は、父の死後、7歳でノルマンディ公の地位に就く。幼い彼には敵が多かったが、苦闘のすえ、周囲を納得させる君主となっていく。

ウィリアム1世が妻としたのは、フランドル伯爵ボードワン5世の娘**マティルダ**である。ボードワン5世は、イングランドのアルフレッド大王の子孫にあたり、その娘と結婚したことも、ウィリアム1世がイングランド王の資格を主張できる根拠になった。

ウィリアム1世がそこまで先を見越してマティルダを選んだかどうかはわからないが、その出会いと結婚をめぐっては、次のような話が伝わっている。

最初、彼が結婚を申し込んだとき、彼女は庶子とは結婚できないと相手にしなかった。7年後、彼はふたたび求婚したとき、何を思ったのか、マティルダの髪をつかみ、殴る、蹴るという暴行を加えた。

それによって、なぜかマティルダはウィリアム1世を愛するようになり、求婚を受け入れたという。荒々しい時代には、オスとしての強さを感じさせる荒々しい男がウケたのだろうか。

ウィリアム1世は、イングランドを征服後、反乱者に対しては容赦《ようしゃ》しなかったが、彼はただ暴力的なだけでなく、政治も行政もできる王だった。彼はまずイングランドを統治するにあたって、6年がかりで土地調査・国勢調査を行なっている。

そうしてできあがったのが、**『ドゥームズディ・ブック』**である。『ドゥームズディ・ブック』は土地の所有者、保有面積、自由農民と非自由農民の数、所領の評価額などを綿密に記した土地台帳である。これによって、ノルマン朝は税収入を安定させることができた。いわば、日本史における太閤検地を行なったのである。

しかし、征服者ウィリアム1世は、ベッドの上では死ねなかった。彼はフランスを転戦中、馬に振り落とされる。そのとき、内臓が破裂し、絶命した。

ノルマン朝

なぜ、いったん大陸とブリテン島に分裂したのか?

ウィリアム1世は、ノルマンディ公とイングランド王を兼《か》ねたわけだが、ひとりの人物が海をはさんだ地域を同時に統治する難しさを知っていたようだ。

その経験から、**ウィリアム1世は、子どもたちには分割統治の道を選ばせた。**彼は死にあたって、本拠地である**ノルマンディ公領は長男のロベール**に継がせ、**イングランドは3男のウィリアム（ウィリアム2世）**に与えた。そして、**4男のヘンリには多額の金銭**を残した。

ノルマンディとイングランドを一元統治するのは自分一代かぎりで、今後は分家したほうがいいと、ウィリアム1世は考えたようだ。そんなわけで、彼の死後、いったんはノルマンディとイングランドに王国は分裂する。

けれども、ウィリアム1世の思惑はすぐにはずれ、やがて後継者たちはノルマンディとイングランドの一元統治を狙うようになる。まず動いたのは、イングランド王ウィリアム2世である。

兄・ノルマンディ公ロベールが、ローマ教皇の要請によって、十字軍に参加しなければならなくなったとき、ウィリアム2世はその資金を提供した。その代償に、ウィリアム2世はロベールからノルマンディ領を託され、父と同様にイングランドとノルマンディ双方の支配者となった。

ところが、ウィリアム2世の統治は長くはつづかなかった。1100年、狩りのさなかに流れ矢が当たり、ウィリアム2世は息を引きとった。暗殺だったともいわれる。

すると、一気に浮上したのが、4男のヘンリである。ヘンリは兄のあとを継いで、イングランド王ヘンリ1世として即位し、十字軍から復帰した兄のノルマンディ公ロベールと対立する。ロベール、ヘンリ1世ともに、イングランドとノルマンディの一元化を企んだのである。

ロベールはイングランド侵攻を企図するが、ヘンリ1世の動きは兄よりも早く、イングランド軍がノルマンディに上陸する。**1106年、イングランド軍はロベールの軍勢をタンシュブレーで打ち破り、ヘンリ1世がイングランドとノルマンディを一元統治する**ようになった。敗れたロベールは、ウェールズのカーディフ城に幽閉された。

アンジュー帝国——なぜ、フランスの脅威となるほど巨大化したのか?

イングランドとノルマンディを再統一したヘンリ1世には、皇太子ウィリアムがいたが、ウィリアムは海難事故で死去した。代わって後継者として指名されたのが、娘の**マティルダ**である。

マティルダは神聖ローマ皇帝のハインリヒ5世に嫁いでいたが、ハインリヒ5世

アンジュー帝国

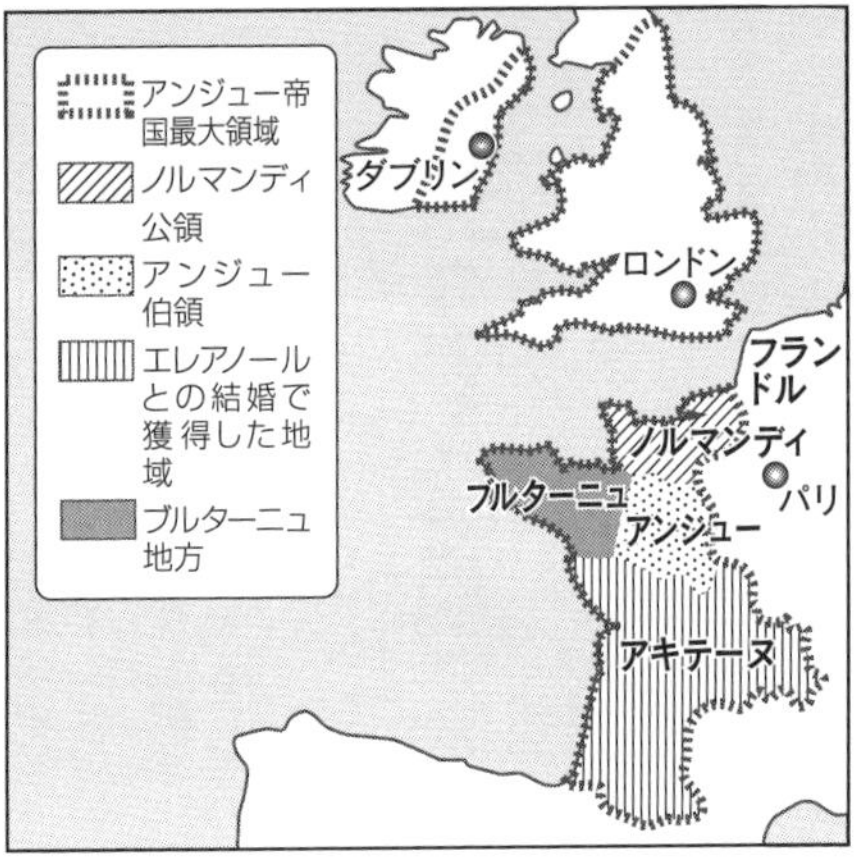

が死去したこともあって、ヘンリ1世は彼女を呼び戻した。そのとき、マティルダはまだ25歳だった。

ヘンリ1世は、マティルダをフランスの**アンジュー伯爵ジョフリ・プランタジネット**に嫁がせる。ふたりの間に生まれた**ヘンリ**は、王位後継者と目された。

しかし、1135年、ヘンリ1世が死去すると、彼の甥にあたる**スティーブン**が後継に就くことを主張、マティルダと対立、13年にもおよぶ内戦状態となる。結局、マティルダの息子であるアンジュー伯ヘンリとスティーブンの間で密約が交わされ、スティーブンの死後、ヘンリが後継者となることが決められた。

1154年、スティーブンが死去すると、ヘンリ2世として即位、ここからプランタジネット朝がはじまる。

プランタジネット朝は領地の名からアンジュー朝とも呼ばれ、さらには**「アンジュー帝国」**とさえいわれた。

ヘンリ2世は即位する以前、すでにフランスに広大な領地を所有していた。1152年、彼は南西フランスを領地とするアキテーヌ公女**エレアノール**と結婚し、広大なアキテーヌ公領を手に入れていたのである。

これにより、ヘンリ2世は、即位前からアンジュー伯領（義父の家系の領地）、アキテーヌ公領（妻の家系の領地）、ノルマンディ公領（祖父がその兄から奪った領地）を有し、フランス王すら上回る版図を手にしていたのである。

イングランド王即位によって、ブリテン島までが版図として加わったため、ヘンリ2世はヨーロッパ一広大な領土の君主として君臨することになった。その後、ヘンリ2世はフランス北西部のブルターニュまで領地に加え、アンジュー朝はさながらアンジュー帝国と呼べるほど巨大化した。

むろん、アンジュー帝国の存在は、フランス王にとって大きな脅威となった。フランス王は反撃にかかり、アンジュー帝国領の乗っ取りを図るようになる。

一方、ヘンリ2世は息子たちと対立、さらには妻にも背かれ、アンジュー帝国は解体の道をたどることになる。

リチャード1世

「獅子心王」と呼ばれるようになった理由

プランタジネット朝の創始者ヘンリ2世が死去すると、後継者になったのは、彼の息子のリチャード1世である。リチャード1世は「獅子心王（ライオンハート）」の名でよく知られている。

彼が「獅子心王」といわれたのは、十字軍遠征で活躍したからだ。1189年、エルサレム奪回のために、第3回十字軍が組織される。第3回十字軍には、彼のほか、フランス王フィリップ2世、神聖ローマ帝国皇帝フリードリヒ1世ら、有力君主が参加、最強の布陣となった。

だが、フリードリヒ1世は途中で事故死を遂げ、リチャード1世はフィリップ2世と対立、怒ったフィリップ2世は途中で帰国する。最後までエルサレム奪回のため戦ったのは、リチャード1世のみとなった。

リチャード1世の相手となったのは、アイユーブ朝のサラディン（サラーフ＝アッディーン）である。リチャード1世の戦いぶりは勇猛だったが、サラディンの前にエルサレムを奪回することはできなかった。

それでも、**イスラムの英雄サラディン相手に奮戦したところから、リチャード1世は「獅子心王」と呼ばれる**ようになった。

ただ、リチャード1世の勇猛ぶりは、自己宣伝の成果でもあった。たとえば、彼は、エルサレム北方のアッコンを陥落させたと伝わったことで勇名を馳《は》せたが、じつはアッコン攻略一番乗りを果たしたのはオーストリア軍だった。

リチャード1世はそれが悔しく、町に翻《ひるがえ》っていたオーストリア公の旗を降ろし、自らの旗に変えさせた。それればかりか、オーストリア公の旗を踏みにじったという。それが、オーストリア公の恨みを買う結果になる。

また、アッコンでは多くのイスラム人が捕虜《ほりょ》となり、捕虜の生命を保証する交渉が行なわれていた。にもかかわらず、リチャード1世は捕虜を大量処刑してしまう。

リチャード1世は十字軍から帰路、彼に恨みを抱くオーストリア公に捕まり、神聖ローマ帝国皇帝ハインリヒ6世に引き渡される。彼は2年間にわたって幽閉され、釈放にさいして多額の身代金を支払った。すでにイングランドは十字軍遠征のため、多額の費用を捻出していた。くわえて、身代金の支払いである。**イングランド経済は、リチャード1世のために痛めつけられることになった。**

釈放後、リチャード1世は、フランスを舞台にしてフランス王フィリップ2世と戦うことになる。その戦いのさなか、リチャード1世は矢を受け、その傷がもとで死去する。

ジョン――王の権力を制限する“マグナ・カルタ”を認めた王

リチャード1世の死によって、プランタジネット朝3代目の王となったのは、彼の弟のジョンである。ジョンは若いころは「欠地王」といわれ、最後には「失地王」とあだ名された。

まずジョンが「欠地王」といわれたのは、相続できる領地がなかったからだ。ジョンの父は、帝国ともいっていいプランタジネット朝の創始者ヘンリ2世である。ところが、ジョンはヘンリ2世の末子だったため、父から土地をもらえなかった。

ジョンにとって幸いだったのは、兄たちが次々と死去したことだ。彼にも後継者のチャンスが回ってきたうえ、兄リチャード1世の支持もあった。リチャード1世が死去したとき、本来ならリチャード1世の子に相続の権利があるはずだが、リチャード1世はジョンを後継者として指名していた。これにより、1199年、ジョンは広大なアンジュー帝国の後継者となる。

しかし、ジョンにとって不幸だったのは、リチャード1世の負の遺産を引き継がねばならないことだった。リチャード1世が十字軍に参加したため、軍事費が増大。くわえて、捕虜となったリチャード1世釈放の身代金を支払ったため、アンジュー帝国の財政はさらに不安定になった。イングランドをはじめ、アンジュー帝国内には不満がくすぶりはじめていた。

それは、アンジュー帝国解体を狙っていたフランス王フィリップ2世にとって、絶好のチャンスとなった。フィリップ2世はジョンを挑発、それに乗ってジョンは**フランスに軍勢を送り込むが敗北して退却、アンジュー帝国領を次々と失っていく。**

ジョンは領地奪回のため、再度大陸に侵攻するも、1214年、**プーヴィーヌの戦い**でフィリップ2世に惨敗を喫《きっ》する。これによって、ジョンは**フランス国内にあった領地の大半を失い、そこから「失地王」というあだ名がついた**のである。

フランスにおける失地がつづくなか、ジョンは別の政治的ミスも犯してしまう。カンタベリ大司教の任命をめぐって、**ローマ教皇インノケンティウス3世と対立、ついには破門されてしまう**のだ。

インノケンティウス3世はフランス王フィリップ2世をも破門に追い込んだ人物だが、ジョンはインノケンティウス3世に屈伏、破門を解除された。この破門事件もまた、イングランド国内の諸侯を落胆させた。

ところが、アンジュー帝国復活をあきらめられないジョンは、1215年、大陸侵攻のための軍役と貢納金をイングランドの諸侯に課そうとする。これが、イングランド諸侯の怒りに火をつける結果となった。

ジョンの失地と失政は、もはや諸侯のがまんの限度を超えていた。**諸侯らは軍役を拒否し、王への忠誠を放棄する。**反対派の諸侯は、ジョン王支持勢力と戦い、勝利する。

屈したジョンが認めたのが、**「マグナ・カルタ（大憲章）」**である。**マグナ・カルタは貴族や市民の権利を明文化したもので、王の権力に歯止めをかけるもの**だった。

こうして、この愚かな王の失政と敗北をきっかけにして、イギリスの立憲政治はスタートしたのである。

ヘンリ3世
諸侯の反乱がもたらした混乱の結末とは

マグナ・カルタが成立した翌年の1216年、「失地王」ジョンが死没すると、ジョンの子がヘンリ3世として即位する。そのとき、ヘンリ3世はまだ9歳だったため、側近が政治を担当し、イングランドは小康状態を得る。

イングランド国内で再び戦争の気配が高まるのは、ヘンリ3世が成人し、フランスのプロヴァンス伯の娘エリナと結婚してからのことである。妻の縁で宮廷にプロヴァンス人が出入りするようになると、ヘンリ3世はフランスに興味を持ちはじめたのだ。

すでに、フランス内のプランタジネット朝領の大半は失われていたのだが、ヘンリ3世はその復興を夢見て、フランスへ出兵を計画しはじめたのである。

しかし、それは、たちまちイングランド諸侯の反発を買うことになる。

イギリス議会政治の源流

ジョン王の失政
諸侯の怒りを買う!

↓

1215年 **マグナ・カルタ(大憲章)発布**

↓

ヘンリ3世がマグナ・カルタを無視

↓

シモン・ド・モンフォールの反乱

↓

1265年 イギリス議会のはじまり
(モンフォール議会の成立)

たしかに、プランタジネット朝の前身であるノルマン王朝を築いた貴族たちは、もとはフランスのノルマンディに居住していた者である。そのため、諸侯にもイングランドとノルマンディの双方に領地を持つ者が多かったが、フランス内の領地は「失地王」ジョンの時代に失われていた。

彼らは、すでにイングランドこそが本拠地という意識を強くし、フランス遠征を望まなくなっていた。宮廷内をフランス人貴族がわが物顔で歩くことも好ましく思っていなかった。

また、**ヘンリ3世はたびたびマグナ・カルタを無視した政治を行なおうとした。**のちの議会に当たる**パーラメント**開催によって、ヘンリ3世と諸侯の歩み寄りが図られたが、それもうまく進まなかった。

諸侯たちはいよいよ王への反発を強め、とりわけレスター伯**シモン・ド・モンフォール**がパーラメント開催をめぐって王と対立する。両者の対立はついに内戦に発展、**1264年にシモン・ド・モンフォールの軍勢は王の軍を破り、国王ヘンリ3世、皇太子エドワードを捕虜とした。**

しかし、今度は諸侯がシモン・ド・モンフォールの独裁を恐れて彼から離反《りはん》するなか、エドワード皇太子が拘束から逃れ、軍を率いてシモン・ド・モンフォールに反撃、敗死に追い込んだ。

その後も混乱がつづくものの、1265年には、各州の中小領主や都市の市民の代表が、パーラメント（議会）への参加を許され、事態はひとまず収束する。

これが、イギリス議会のはじまりである。

プランタジネット朝成立までの系図

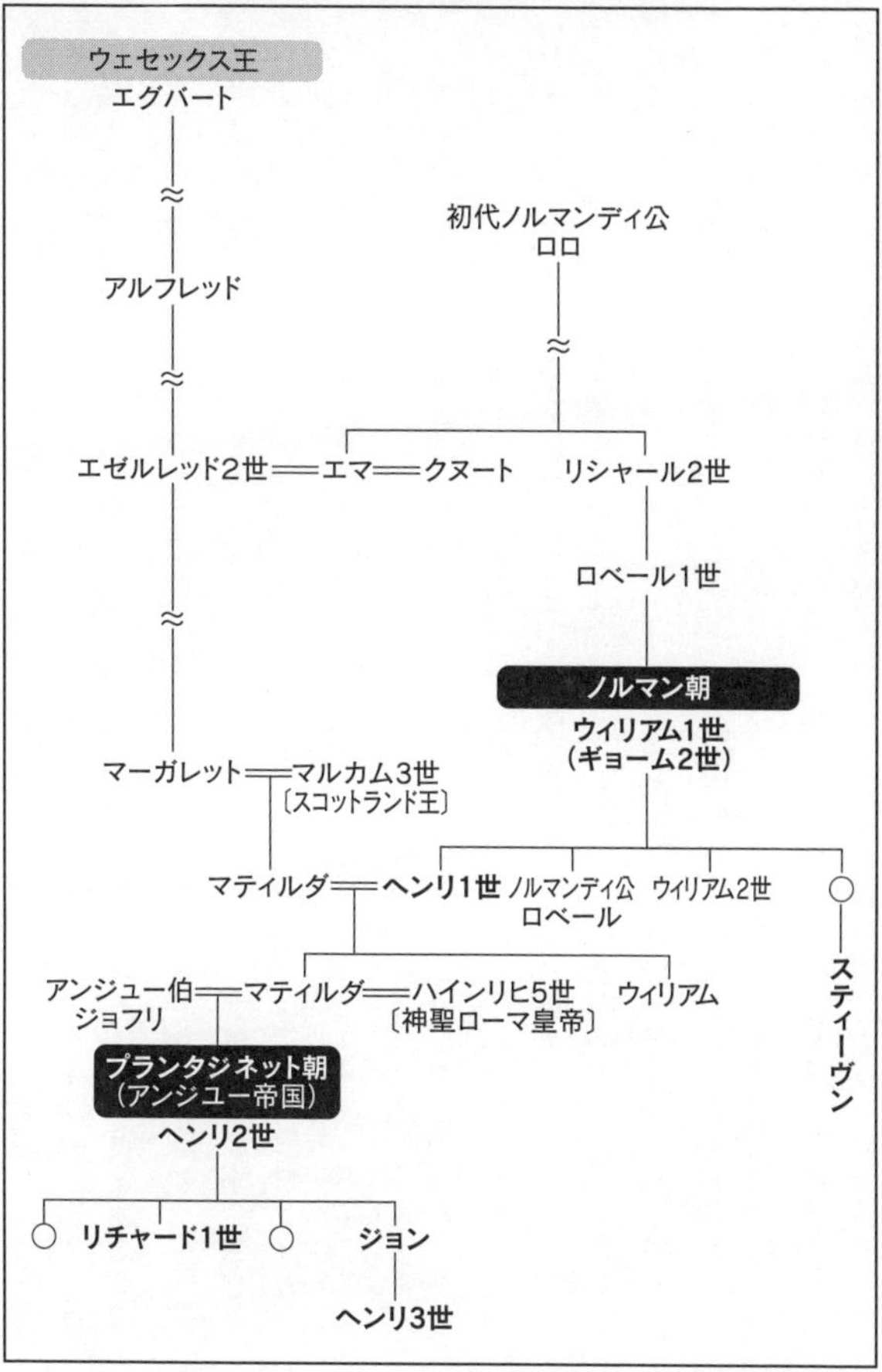

ユニオンフラッグが生まれるまで

イギリスの国旗ユニオンフラッグは、善くもあしくも「連合王国」としてのイギリスを表している。現在のイギリスの国旗は、3つの国の国旗を合わせてできたものだからだ。

いまでも〝各国〟の国旗は使われていて、イングランドでは聖ジョージ旗と呼ばれる白地に赤十字の旗を用いている。セント・ジョージはイングランドの守護聖人である。

17世紀、スコットランド王がイングランドの王を兼《か》ねることになると、聖ジョージ旗とは別の新たな旗が必要になった。そこで、両国の対等な関係を表現するために、イングランドの聖ジョージ旗に、青地に白の斜《なな》め十字が入ったスコットランドの聖アンドリュー旗を重ねて、グレイト・ユニオン旗が生まれた。

さらに19世紀、アイルランドを合併すると、グレイト・ユニオン旗にアイルランドの聖者セント・パトリックの旗が加わり、白地に赤の斜め十字が重ねられるようになった。これが現在のユニオンフラッグで、1801年以来、イギリスの国旗として使用されている。

ただし、この国旗のことを、イングランドによる他地域支配のシンボルであるとして、嫌う人がいることも事実だ。また逆に、イングランドの極右勢力は、他国の旗が加わるのは不純であるとして、ユニオンフラッグを嫌い、セント・ジョ

ユニオンフラッグが生まれるまで

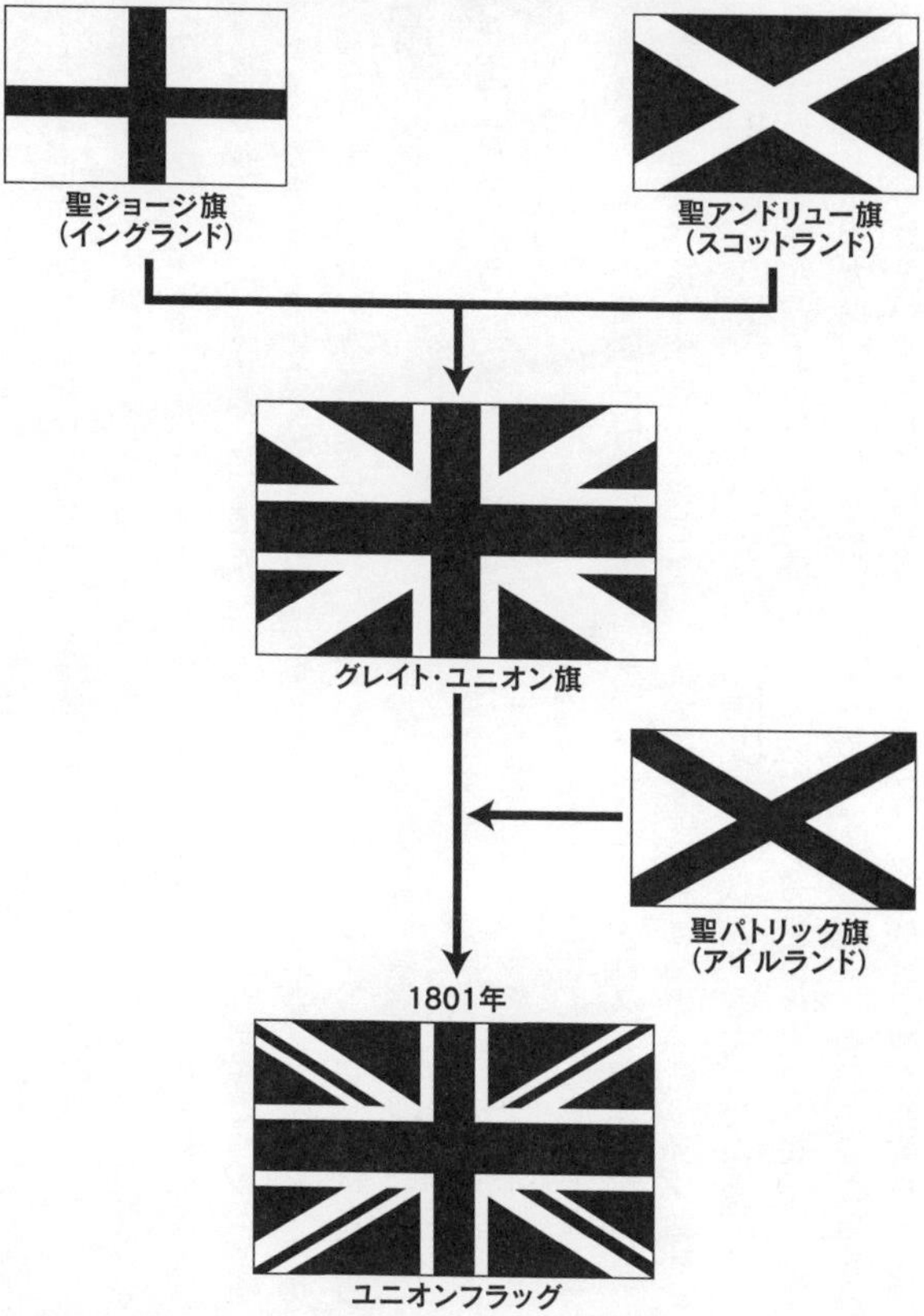

ージの旗を掲《かか》げることが多い。

なお、サッカーのワールドカップでは、FIFA国際サッカー連盟にイングランド、スコットランド、ウェールズ、北アイルランドの4地域が加盟しているため、ユニオンフラッグではなく、イングランドやスコットランドなど、地域の旗が使われている。

英語はどのようにして成立した？

イギリスで、現代の英語に近い近代英語が成立したのは、15～16世紀のことだった。シェイクスピアが『ハムレット』や『ロミオとジュリエット』などの戯曲を書き、活躍していた時代に、いまの英語に近い言語ができ上がったわけだ。


では、英語はどのようにして生まれ、発展してきたのだろうか？

古代、ブリテン島には主にブリトン族が住んでいたが、ローマの支配を経て、5世紀には、アングル族やサクソン族といったゲルマン民族が渡ってきた。そのさい、彼らがブリテン島に持ち込んだ言葉が、現代英語の基礎になった。

そして、次に英語に影響を与えたのが、ラテン語、ギリシャ語、ヘブライ語の3か国語である。6世紀から7世紀にかけて、イギリスでキリスト教が広まるにつれて、その教義に関係するラテン語などの言葉が入り込んできたのである。

さらに、8世紀にイギリスに侵入してきたヴァイキングも、英語に新たな影響を与えた。彼らは、アングル族らと同様にゲルマン民族の一派ではあったが、西ゲルマンに属するアングル族らとは違って、北ゲルマンに属していたので、いままでになかったスカンディナヴィア起源の語彙《ごい》が英語に加わることになったのである。

そして、ヴァイキングはフランスのノルマンディにも国を建て、フランス語を話すようになってから、イギリスも征服した。英語のなかに、多数のフランス起源の語彙《ごい》が含まれているのは、ノルマン王朝がイギリスを征服したからといえる。

こうした歴史からもわかるように、英語はさまざまな民族の言語を取り込んで生まれた言葉といえる。

そして、この地に住む多民族の影響を受けて、英語は現在も変化をつづけているのだ。

イギリスで世界初の郵便制度が生まれた！

郵便制度がまだなかったころ、民間人は旅人や兵士に用件を書いた紙を渡し、遠隔地に運んでもらっていた。公の書状をやりとりする必要がある国王や貴族は、特別に任命した使者に書状を運ばせていた。

16世紀に入ると、ヘンリー8世が郵政長官のポストを新設し、郵便制度の原型が生まれた。幹線道路沿いに20キロメートル間隔で宿駅をもうけ、ひとりの使者が最後まで届けるか、宿駅ごとに書状をひきつぐか、どちらかの方法で郵便物を目的地まで届けたのである。

イギリスの歴史雑学①

17世紀になると、一般人もこの制度を利用できるようになり、現在の郵便事業にまた一歩近づいた。

ただし、当時の郵便制度は、郵便を出せる場所がきわめて少なく、個別配達もされていなかったので、現在のシステムに比べれば、じつに不便だった。しかも、最低でも2ペンスかかるなど、料金も割高だった。そこで、民間の事業者が安くて便利な郵便ビジネスをスタートさせ、一時的に人気を集める。

結局、政府は、その民間サービスに圧力をかけて廃業に追い込むのだが、その過程で政府は民間のアイデアを学び取る。政府も、引受所を増やし、安い値段で個別配達するようになったのだ。そして18世紀後半になると道路が舗装されたため、馬車で運ばれていた郵便物の輸送速度が飛躍的にアップした。

そうしたなか登場したのが、「近代郵便制度の父」ローランド・ヒルである。ヒルは郵便の値段をより引き下げるため、距離に関係なく、0・5オンスまでの重さなら1ペニーという、全国均一の郵便料金率を提案した。

ヒルのこの改革案は国民に支持され、やがてそれは郵便切手の導入へとつながった。そうしてヴィクトリア女王の横顔を黒インクで印刷した世界初の郵便切手「ブラックペニー」が登場することになる。

2

「百年戦争」から「ばら戦争」まで――

長期にわたる戦争の末 テューダー朝が成立

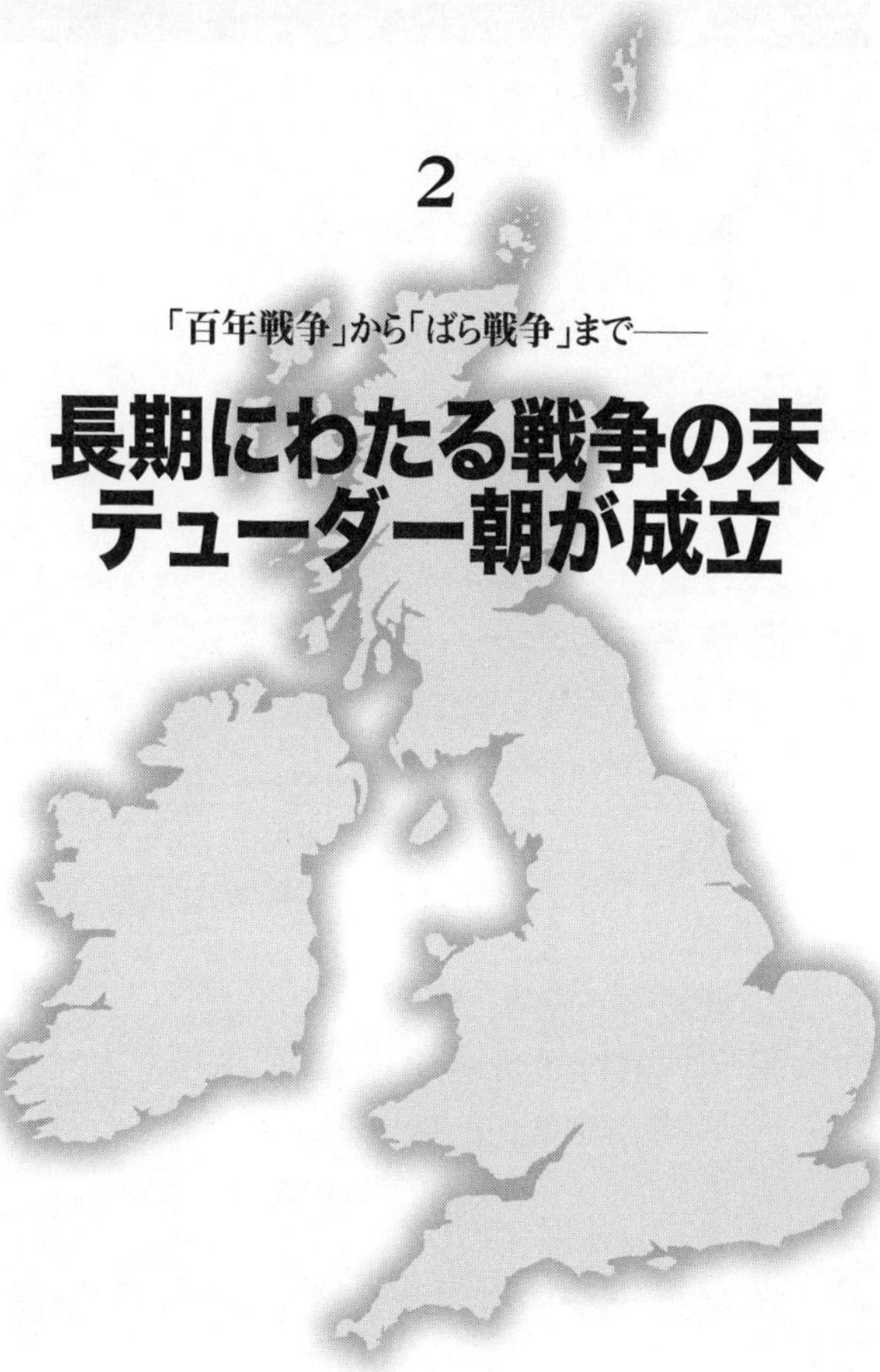

王朝	年	イギリス	日本
プランタジネット朝	1272	**エドワード1世**即位	鎌倉時代
	1276	エドワード1世による ウェールズ侵攻がはじまる	
	1295	**模範議会**	
	1327	エドワード2世の廃位 エドワード3世即位	
	1339	**百年戦争がはじまる**	室町時代
	1343	議会が二院制となる	
	1347	ペスト(黒死病)の流行	
	1381	ワット・タイラーの乱	
ランカスター朝	1399	**ヘンリ4世**即位	
	1413	ヘンリ5世即位	
	1429	ジャンヌ・ダルクの活躍によって オルレアンが開放 シャルル7世の載冠	
	1453	百年戦争が終わる	
	1455	**ばら戦争**がはじまる	
ヨーク朝	1461	**エドワード4世**即位	
	1483	リチャード3世がエドワード5世を 廃して、即位	
テューダー朝	1485	**ヘンリ7世**即位	

エドワード1世

「プリンス・オブ・ウェールズ」の称号が生まれた背景とは

1272年、イングランドに混乱を招いたヘンリ3世が死去すると、皇太子がエドワード1世として即位する。エドワード1世は皇太子時代から国政を担《にな》い、シモン・ド・モンフォールを敗死させた強者で、この時代の、屈指《くっし》の王だったといえる。

エドワード1世が主に手がけたのは、ブリテン島内でのイングランドの拡張である。**それまでのプランタジネット朝の王がフランスに目を向けがちだったのに対して、エドワード1世は島内に視線を転じた。**

当時、まだイギリスという国は存在せず、イングランドがブリテン島の多くを支配していたものの、島の北側にはスコットランド、島の西側の一部にはウェールズという別の国があった。エドワード1世は、この2国を屈伏《くっぷく》させ、イングランドによるブリテン島の統一支配を企てたのだ。

ウェールズに対しては、1276年以降、4次にわたって侵攻した。**「プリンス・オブ・ウェールズ（ウェールズの第一人者）」**を名乗ったルウェリン・アプ・グリフィズが抗戦するものの、ウェールズはイングランドの前に敗れ去る。エドワード1

世の為政者《いせい》としての力量は、このあとのウェールズ統治に発揮される。

1301年、エドワード1世は、出産間近だった王妃をウェールズの宮廷のあったカーナヴォンに招いた。王妃はここで皇太子（のちのエドワード2世）を出産、エドワード1世は生まれたばかりの子に「プリンス・オブ・ウェールズ」の称号を与えた。当時、「プリンス」は「王子」ではなく「第一人者」という意味であり、エドワードは息子を「ウェールズの第一人者」とし、ウェールズ人の乳母《うば》をつけた。

それは、独立心に溢《あふ》れ、かつ忠誠心の強いウェールズ人を懐柔《かいじゅう》するためのパフォーマンスだった。生まれたばかりのエドワード2世は、イングランドではなく、ウェールズ生まれとなる。ウェールズに生まれ、ウェールズ人の乳母に育てられた君主であれば、独立心の強いウェールズ人も、従わざるをえないだろうと考えたのだ。

以後、現在にいたるまで、イングランドの皇太子は代々「プリンス・オブ・ウェールズ」と呼ばれている。それは、**エドワード1世のウェールズ懐柔策にはじまる伝統的習慣**だ。

一方、スコットランド攻略については、エドワード1世はいきなり攻撃するのではなく、政略をめぐらせる。まず、スコットランド王位が空位になると、エドワード1世は操縦しやすいジョンを王位に推す。

当初、ジョンはイングランド王に臣従していたが、国内の反イングランド勢力に押され、フランスと結ぶ動きをみせた。エドワード1世はそれで大義名分を得て、スコットランドに進軍。ジョンはたまらず王権をエドワード1世に差し出した。

こうして、スコットランドはエドワード1世の手に落ちたが、やがて反乱が起きる。1306年、ロバート・ブルースが反乱を起こし、スコットランド王・ロバート1世として即位した。エドワード1世はスコットランド討伐にかかるが、途中で死去した。つづく**エドワード2世はロバート1世に敗れ、スコットランドはこの後、17世紀まで独立を維持する**ことになる。

以上のような、エドワード1世のウェールズ、スコットランド征服活動は、多くの軍事費を必要とした。エドワード1世は、軍事費を調達するため、議会を招集。そのさい開かれた議会はその後の議会のモデルとなったことから、**「模範議会（モデル・パーラメント）」**の名で呼ばれている。

エドワード2世――イギリス史上最悪の王と評される理由とは

エドワード1世の後継者となったのは、彼の子のエドワード2世である。**エドワ**

ード2世は、名君だった父に似ず、イギリス史上最悪の王とされる。愚《おろ》かな側近を重用し、スコットランドには敗れ、その最期は歴代王の中でも最も悲惨《ひさん》だったといっていい。

エドワード2世は、少年時代の学友のギャヴェストンと愚行を繰り返す。ギャヴェストンなしでは暮らせぬようになり、同性愛関係にあったといわれるほどだ。父エドワード1世は、息子の交遊関係を心配し、ギャヴェストンを国外追放するが、エドワード2世は父の死後、ギャヴェストンを呼び戻している。2世は彼を摂政にまで重用し、貴族らの反発を買った。

しかも、エドワード2世は、王が武人でなければならない当時にあっては、あまりに〝軟弱〟だった。音楽や演劇、そしてきらびやかな服装を好んだ。現代の感覚では「文化を愛した王」だったともいえるが、王が戦いの先頭に立った時代には、許されがたい行状だったのである。

やがて、反ギャヴェストン派の貴族が結集、ギャヴェストンを殺害するが、エドワード2世は新たな側近としてデスペンサー父子を見つける。やがて、デスペンサー父子が国政を牛耳るようになり、ふたたび貴族らの反発を買うことになった。

そうして、イングランドの愚政がつづくうちに、スコットランドが動きはじめる。

スコットランド王・ロバート1世が、イングランドの支配に対して、さまざまな挑発行為を仕掛けてきたのだ。

父エドワード1世ならスコットランド勢力を一気に片づけたかもしれないが、エドワード2世は無為に時を過ごし、反乱勢力を育ててしまった。1314年、ついに重い腰を上げるが、バノックバーンの戦いでスコットランド軍に完敗を喫する。

さらに、エドワード2世は、フランス出身の妻にも裏切られる。彼の妻**イサベル**は、フランス王フィリップ4世の娘だった。そのことは、のちの百年戦争の原因にもつながるのだが、イサベルはエドワード2世に早くから失望していたようだ。

イングランド国内で、反エドワード2世の気運が高まると、彼女は策をめぐらす。目指すは、夫であるイングランド王・エドワード2世の廃絶《はいぜつ》である。

イサベルは、弟のフランス王の援助も受けることができたうえ、マーチ伯ロジャー・ド・モーティマーと親密な関係をつくり、同盟軍を組織する。1326年、イサベルとモーティマーによる軍はイングランドに上陸、まずはエドワード2世の側近であるデスペンサーの父親を処刑。つづいて、エドワード2世を捕らえ、息子のデスペンサーも処刑した。

1327年、**イサベルの開いた議会は、エドワード2世の廃絶を決定し、後継者**

に彼とイサベルの子・エドワードを選んだ。ケニルワース城に捕らわれていたエドワード2世が譲位の意思を示し、彼の子が**エドワード3世**として即位した。

その後のエドワード2世は、無残の一言である。バークレイ城に移送された彼は、拷問死を遂げたのだ。イサベルとモーティマーは外傷を与えずに殺害することを計画、前王に食事を与えず、焼け火箸《ひばし》を肛門に突っ込むという虐待を繰り返した。激痛のなか、エドワード2世はこの世を去った。

百年戦争の勃発──なぜ、英仏の戦いの火蓋が切られたのか？

エドワード2世に代わって即位したエドワード3世は、歴史的大戦争である百年戦争を起こした人物である。**百年戦争は、複雑に入り組んだイングランドとフランスの過去2世紀の歴史を清算する戦い**であり、イングランドとフランスが国力を伸ばそうとするかぎり、避けられない戦いだったといっていい。

百年戦争の根本的な原因は、イングランドのノルマン朝、それにつづくプランタジネット朝（アンジュー朝）が、フランス起源の王朝であったことだ。初期は、フランス出身者がイングランド王を兼《か》ね、フランス国内にも大きな領地を有し、一時はアンジュー帝国とさえいわれた。しかし、その後、フランス王が反撃して、アンジュー朝がフランス国内にもつ領地は、ボルドーを中心とするアキテーヌに限られるようになっていたが、それすらもフランス王にとっては癪《しゃく》の種であった。

その時代、フランスは中央集権的な国家ではなく、国内には強力な領主が数多くいた。フランス王はアキテーヌを接収し、強力な王権を築きたかったのだ。

また、イングランド王は、アキテーヌを保有しているという面では、フランスの封建諸侯の一員だった。フランス王に臣従しなければならず、それは一国の王として耐えがたいことだった。

さらに、イングランドの歴代王には、広大なアンジュー帝国の記憶が残っていた。アキテーヌを足がかりに、フランスにイングランド王の領地を増やし、アンジュー帝国を再現したいという野望が生まれる素地があったのだ。

そのような歴史的経緯にからんできたのが、**スコットランド問題**である。スコットランドは同国制圧を目指すイングランドの動きを、フランスと結ぶことで牽制《けんせい》していた。だから、イングランドはスコットランドを征服するためにも、フランスを叩いておく必要があったのだ。

そんな両者の意図が渦巻くなか、フランスで王朝の交代が起きた。フランスでは長くカペー朝がつづいていたのだが、シャルル4世が没したとき、彼には子がなく、カペー家は断絶した。そのため、シャルル4世の叔父にあたるヴァロワ家のフィリップがフィリップ6世として即位、ヴァロワ朝を開いた。

1328年、フランス王フィリップ6世は、歴代フランス王の悲願達成にかかるアキテーヌ領を接収すると宣言したのである。

これに対して、イングランドのエドワード3世が大胆な主張を展開した。彼はフランスの王位を主張したのである。たしかに、彼の母イサベルはフランス国王フィリップ4世の娘である。エドワード3世はもともとの王家であるカペー家に連なる者であり、その主張はまったくの的外れとはいえなかった。

ただし、それは開戦のための大義名分であり、口実だった。**エドワード3世は歴代イングランド王の野望だったアンジュー帝国復活を目指して、フランスへ侵攻**しはじめた。こうして、百年戦争の火蓋が切っておとされた。

百年戦争の経過——大敗と内部分裂でフランスは危機に…

百年戦争は1339年にはじまり、1453年に終わる。百年どころか110年以上にわたってつづいたのだが、つねに戦争をしていたわけではない。何度かの休戦をはさみながら、戦いは思わぬ方向へと流れていった。

百年戦争開戦当初、フランスとイングランドには大きな国力の差があり、兵士の動員力ではフランスが圧倒的に多かった。

だが、結果は逆となる。エドワード3世率いるイングランド軍は、1346年のクレシーの戦いでフランス軍に圧勝、**カレーを占領**した。さらに1356年、ポワティエの戦いでは、エドワード3世の子・**エドワード黒太子**がフランス軍を撃破し、フランス国王ジャン2世を捕虜《ほりょ》にした。

イングランドの圧勝の背景には、長弓部隊の活躍があった。イングランドはウェールズ征服戦の過程で、ウェールズの長弓に苦戦した。重装備の騎士でさえ、長弓の前には防御不足だった。

イングランドは長弓の威力を認識して自らの装備に採用、対フランス戦で長弓を浴びせかけた。フランス側は、それに対処できなかったのである。

国王が捕虜となったフランスは混乱し、1358年にはパリで市民の反乱、さらには**ジャックリーの農民一揆**が勃発する。エドワード3世はパリを包囲、フランスは存亡の危機を迎えるが、フランスの皇太子シャルルが難局をまとめあげ、エドワード3世と講和する。エドワード3世はフランス王位の継承権を放棄する代わり、フランス国内で占領した土地の領有を認めさせた。

休戦後、イングランドでもフランスでも混乱があった。イングランドでは1381年に**ワット・タイラーの乱**が起きたのち、リチャード2世が国内で反発を買って王位を追われ、**ヘンリ4世**による**ランカスター王朝**がはじまった。

一方、フランスではブルゴーニュ公国がイングランド王をフランス国王とする動きを見せ、内部分裂が深刻化していた。

1415年、ランカスター朝のヘンリ5世率いる軍勢がノルマンディに上陸、ブルゴーニュ公国と結んでフランス軍を破った。それで、フランス側は、イングランド王のフランス王位継承権を認めざるをえなくなる。

ヘンリ5世とフランス王フィリップ6世が相次いで死去すると、ヘンリ5世の子・ヘンリ6世がイングランド・フランス両国王として即位した。

これにより、フランス皇太子であったシャルルは即位できなくなり、シャルルを盛り立てようとする勢力は、フランス中部のみにかぎられてしまう。フランスはイングランドとブルゴーニュ公国によって切り裂かれ、ほとんど亡国の淵《ふち》にあったのだが、そこへ突如《とつじょ》として現れたのが**ジャンヌ・ダルク**である。

百年戦争前のイギリスとフランス

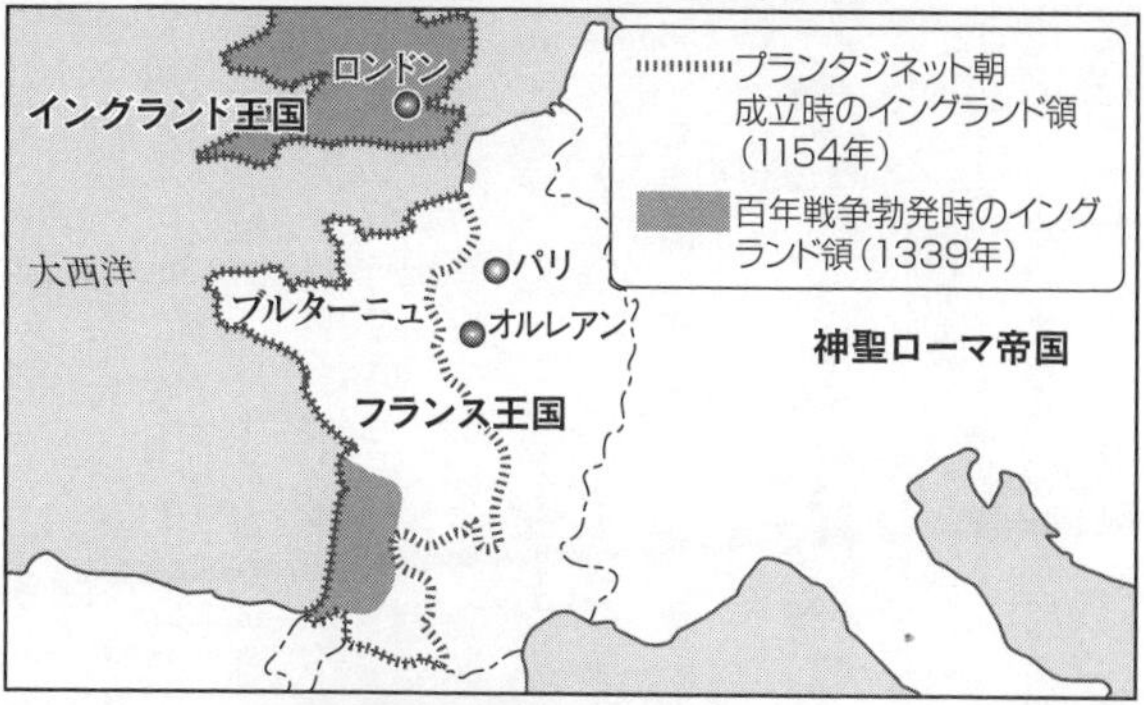

百年戦争時のイギリスとフランス

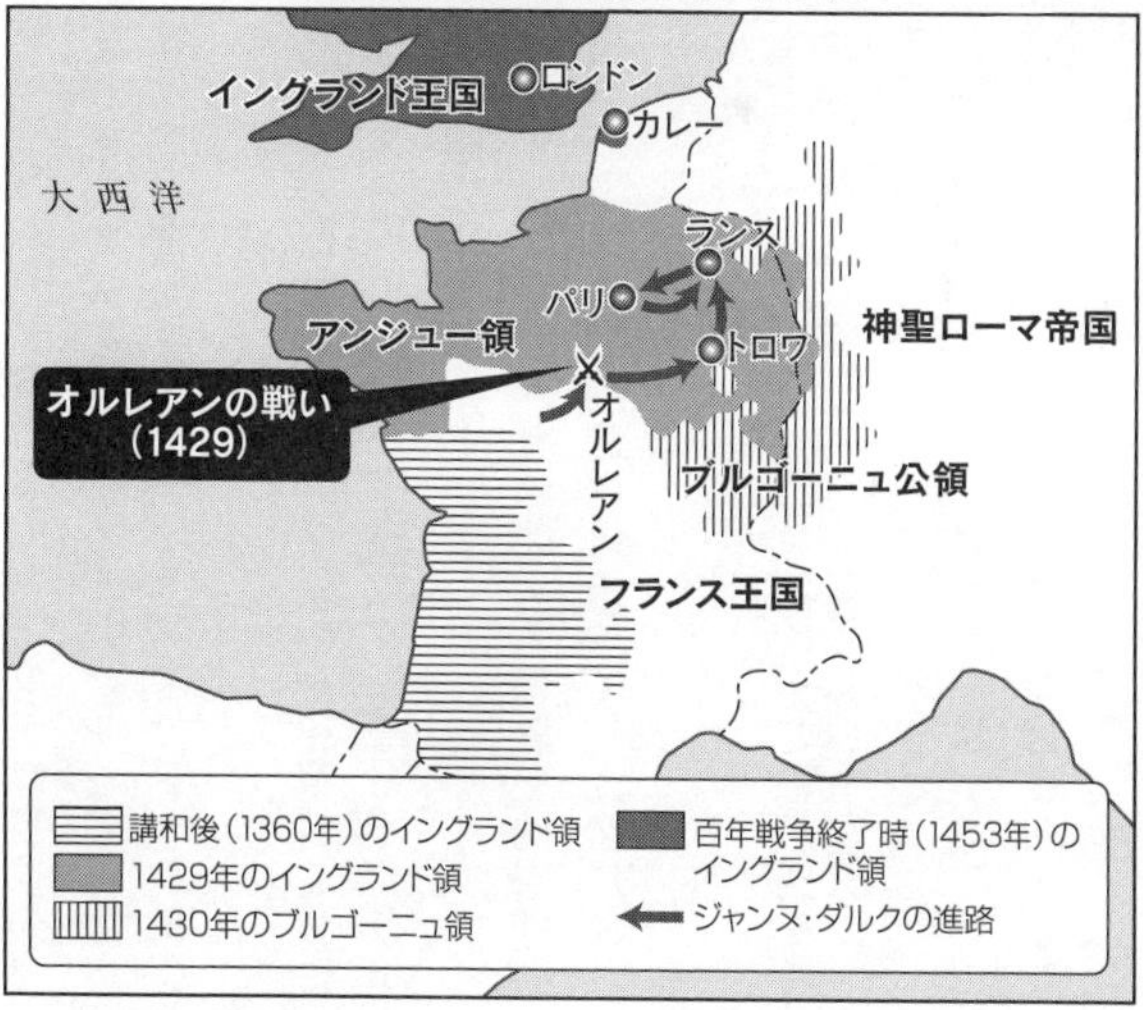

2● 長期にわたる戦争の末
テューダー朝が成立

ジャンヌ・ダルクは、「フランスを救え」という神の声を聞き、ヴァロワ家の皇太子シャルルのもとに赴いた。つづいてわずかの兵を連れ、オルレアンを包囲中のイングランド軍を破り、オルレアンを解放。シャルル皇太子はランスでシャルル7世として即位、これで流れが大きく変わった。

シャルル7世は、イングランド側に立っていたブルゴーニュ公国と和解。これによりフランス国内が一本化され、イングランドへの反撃が本格化する。1453年には、イングランド勢はフランスからほぼ追い出された。

百年戦争はこうして終結したが、それはイングランドとフランスの歴史的な問題を解決するものだった。**イングランドはフランスの領地をほぼ失って、完全にブリテン島を本拠とする国となった**のだ。

ジャンヌ・ダルク——フランスを救った少女は、なぜ処刑されたのか?

百年戦争で絶体絶命の淵に追い詰められていたフランスを救ったのは、ジャンヌ・ダルクである。オルレアンが陥落すれば、もはやフランスのシャルルは亡命するしかないと思われていた。

そこへ、ジャンヌ・ダルクが現れ、「フランスを救え」という神のお告げを熱く語り、オルレアンを包囲していたイングランド勢を撃破したのだ。

それは、オルレアンのフランス兵にとって奇跡のような出来事であり、イングランド兵にとっては悪夢だった。イングランド兵は、すでに長い包囲戦に倦《う》んでいたところだった。そこに、ジャンヌ・ダルク率いるフランス兵が熱狂的な攻勢をしかけてくる。その神がかり的な攻勢の前に、イングランドは敗走してしまったのである。

ジャンヌ・ダルクはその勢いを駆って、1429年のパティの戦いでイングランド軍に圧勝、シャンパーニュのランスに到達する。**ランスは歴代フランス王が戴《たい》冠《かん》式を行なってきた象徴的意味をもつ都市**であり、この都市の奪還により、シャルルは王位に就くことができた。王の誕生によって、フランスは求心力を取り戻し、ジャンヌ・ダルクの熱狂ぶりも手伝って、フランス兵に愛国心のようなものが芽生えはじめた。

ジャンヌ・ダルクは、ロレーヌ公領のドムレミ村の農家に生まれた一少女である。当時17歳で、軍事的知識もなかった。そんな少女が神のお告げを聞いたという熱狂のみで、一国の歴史を変えたのだ。

ただ、ジャンヌ・ダルクの神通力は一時的なものだった。その後、パリ奪還に失敗、コンピエーニュの戦いで敗れ、ブルゴーニュ公国の捕虜となる。ブルゴーニュ公国は、同盟国のイングランドにジャンヌ・ダルクを引き渡した。

イングランドはジャンヌ・ダルクを裁判にかけ、「魔女」と断定、1431年、ルーアンの広場でジャンヌ・ダルクを火刑に処した。たしかにイングランドにとっては、神がかり的な攻勢を仕掛けたジャンヌ・ダルクは、魔女のような存在だったのだろう。

そのさい、フランス王シャルル7世は恩人のはずのジャンヌ救出に動かなかった。彼にすればジャンヌは、風変わりな小娘にすぎなかったのかもしれない。

百年戦争が終結すると、ジャンヌの存在は長く忘れ去られてしまうが、**19世紀初頭、皇帝に昇りつめようとしていたナポレオンが彼女の伝説を発見**する。以後、ジャンヌ・ダルクは救国の少女として再脚光を浴びる。

エドワード3世——百年戦争を引き起こしたのは、どんな王だったか?

百年戦争を引き起こしたエドワード3世は、最低の王といわれた父エドワード2

世とは対照的に豪胆な王だった。祖父エドワード1世に似て、戦場で武名を高めた王だった。

そんな王が即位したのは、父の王位廃絶の直後の14歳のときのことである。そのさい、まだ多感な年代だった彼は、父の廃絶を受け入れがたかったのか、「父からの譲位がなければ、即位しない」と言ったという。

即位後、彼はすぐに王権をふるえたわけではない。父を廃絶に追い込んだ母イサベルとその愛人ロジャー・モーティマーの専横《せんおう》に耐えつつ、権力奪取の機会をうかがった。1330年、エドワード3世は反イサベル派と結んで、母イサベルと愛人モーティマーを逮捕。モーティマーを処刑したのち、死体を切り刻ませた。母イサベルは幽閉処分とし、生涯、監禁した。これは、エドワード3世なりの父の敵討ちとみることもできる。

エドワード3世は、フランス侵攻作戦で高い軍事能力を発揮するが、ふだんから武勇に優れた騎士を重用した。彼はアーサー王伝説に心酔《しんすい》し、アーサー王の円卓の騎士団の再現を試みたのだった。それが、彼の手によって結成された**ガーター騎士団**である。彼らの肩章が、いわゆるガーター肩章である。

しかし、エドワード3世の能力は晩年、衰えた。愛人に溺れ、政治を顧みなくなったのだ。くわえて、ペストが流行し、イングランドは国力を大きく落とした。

そのため、いったんはフランスから奪取した領地を、フランス側に奪還されることになった。そうして、フランス侵攻作戦は中途半端になり、後世に禍根《かこん》を残すことになった。彼の晩年の衰えが、この戦争を1世紀以上にわたって長引かせたともいえる。

ペスト——人口の激減が農民層に与えた影響とは

百年戦争中、イングランドは災厄《さいやく》に見舞われる。ペストが大流行したのである。**「黒死病」**ともいわれるペストは、13世紀のモンゴル帝国によるユーラシア制覇《せいは》の余波といえる。ユーラシアに通商路が生まれ、東西に人が動いたとき、ペスト菌もともに動いたのだ。

まず1346年、ロシアのクリミア半島南岸で流行すると、それが船によって黒海からイタリア半島や南フランスに運ばれた。となると、イングランドにペストが上陸するのも、時間の問題だった。

1347年8月、イングランド南部のウェイマスに上陸、11月にはロンドンで流行した。イングランドばかりか、スコットランド、アイルランドにまで、ペスト菌は達した。ペストの中でも、とりわけ肺ペストは寒冷な地で流行しやすかったのだ。

流行は一度のみではなく、1361年、1369年、1390年、1413年、1439年と、百年戦争の間だけでも五度も流行した。村によっては人口の3分の1から2分の1が失われ、**イングランドの人口自体が、14世紀末には14世紀初頭の半分程度になったと推定されている。**そのため、農業労働人口が圧倒的に不足し、耕作地が捨てられた。

ただ、それはある意味、農民にとってチャンスにもなった。労働力不足のため、労働賃金がしだいに上昇し、富裕な農民は耕作者のいなくなった農地を安く買い取り、農地を増やした。農民の力が領主に対して相対的に強くなり、領主が無理なことをいえば、農民は好条件の領主を求めて立ち去ろうともした。農民は、やがて領主相手に関係の変更を迫るようになっていく。

ワット・タイラーの乱——なぜ、農民は大反乱を起こしたのか?

百年戦争時代のペスト流行は、労働力不足を引き起こし、農民の地位を相対的に引き上げた。農民は、王や貴族を恐れなくなり、一揆を起こすようになる。その最大の反乱が、1381年のワット・タイラーの乱である。

ワット・タイラーはタイル職人だったといわれるが、その生い立ちについてはよくわかっていない。彼が一揆を起こした直接の動機は、人頭税《じんとうぜい》に対する抵抗だった。イングランドでは百年戦争遂行のため、軍事費を捻出する必要があり、新たな人頭税を課していた。ワット・タイラーや農民らは、それに反発したのである。

ワット・タイラーや僧ジョン・ボールらに率いられた一揆勢はロンドンに進撃、ロンドン市長が阻止しようとするが、市内に手引きする者がいて、一揆勢はロンドンを占拠した。

ワット・タイラーらは、農民だけでなく、手工業者や労働者にも支持され、エドワード3世の孫にあたる国王リチャード2世に要求を突きつける。その要求の内容は、農奴制の廃止、一揆参加者への恩赦《おんしゃ》、商取引の自由、地代の減額である。

ジョン・ボールは市民らに説教し、**「アダムが耕し、イヴが紡いだとき、誰が貴族であったか」と身分制度を批判して一種の革命思想を叫んだ。**

リチャード2世は一揆側の圧力に押されて、いったんはその要求を丸呑《の》みする。しかし、その直後、ロンドン市長らがワット・タイラーを暗殺、一揆勢を瓦解《がかい》させた。ジョン・ボールは処刑され、一揆の勢力は急速にしぼんでいった。

こうして、ワット・タイラーの乱は終息したが、その勢いはいったんは王すらも譲歩させるほどのものだった。ワット・タイラーが廃止を求めた農奴制は、すでに14世紀前半には衰退し、大きな社会問題ではなくなっていた。

ワット・タイラーの乱は農奴制を崩す最後の一突きであり、自由農民やその他の民衆の力を示す一幕だった。それは、イングランドでの下克上《げこくじょう》といえ、その下克上は数々の貴族たちがバタバタと倒れていく、**ばら戦争**につながっていく。

ランカスター朝とヨーク朝
——ふたつの王朝は、どのように生まれたか？

百年戦争の間、戦いが優勢な時期は、イングランド王家は安泰だった。一方、戦況が悪化し、既得の領地を失った時期には、国内で不満勢力が台頭した。その結果、百年戦争の最中とその直後に、イングランドの王家は二度交代することになった。

まず打ち倒されたのは、プランタジネット朝（アンジュー朝）の**リチャード2世**である。リチャード2世は、百年戦争をはじめたエドワード3世の孫、エドワード黒太子の子にあたる。エドワード3世の子の多くが死去していたため、1377年、エドワード3世の死去に伴い、リチャード2世が10歳で即位したのである。

それは、不幸な即位だった。エドワード3世の晩年、フランスのシャルル5世の反撃によって、フランス内のイングランド領は大きく減っていた。即位の時点で、戦況が悪化していたうえ、即位後、貴族らが宮廷闘争に没頭するうち、フランス内の領地をさらに減らすことになった。

くわえて、1381年、リチャード2世は、前項で述べたように、ワット・タイラーの乱に及び腰の対応しかできず、王の威信は下がるばかりだった。

リチャード2世は威信を挽回《ばんかい》すべく、強権をふるおうとして、議会や貴族と対立を深める。リチャード2世と議会の間をとりなしたのは、エドワード3世の子でランカスター家の**ジョン**である。リチャード2世に子がなかったので、ジョンは彼の息子ヘンリ・ボリングブルックへの王位継承を主張していた。

ランカスター家は、リチャード2世の後ろ楯のつもりだったが、ジョンが死没すると、リチャード2世はランカスター家の所領を没収してしまう。これが、ランカスター家の新当主ヘンリ・ボリングブルックの怒りに火をつけた。

1399年、リチャード2世の隙をついて、ヘンリは亡命先のパリから帰還、王を捕らえる。貴族や市民はヘンリを支持し、彼は**ヘンリ4世**として即位、ここに**ラ**

ンカスター朝がはじまった。リチャード2世は幽閉されたのち、死去した。惨殺《ざんさつ》説も伝わっている。

ランカスター朝のヘンリ4世の子・**ヘンリ5世**は、百年戦争で活躍する。1415年のアゼンクールの戦いではフランス軍を撃破し、ランカスター朝の名を轟《とどろ》かせた。彼はフランス王を追い詰め、彼の子にフランス王位継承権を認めさせたほどだった。

ところが、その子・ヘンリ6世には不幸が待っていた。ヘンリ6世はわずか9歳で即位したので、権力をふるえるはずもなく、叔父らが王の代行の座を得ようと対立、内紛状態となる。くわえて、フランスにジャンヌ・ダルクが登場、イングランドは次々と領地を失い、フランスから追い出されてしまった。これにより、ヘンリ6世の威信は大きく低下する。

くわえて、**ヘンリ6世**は百年戦争終結から1か月もたたないころから、精神に異常をきたしてしまう。そこで台頭したのが、ヨーク公**リチャード**である。ヨーク家はエドワード3世の5男エドマンドを祖とし、リチャードはヨーク家の3代目だった。その血筋から考えれば、ヘンリ6世の後継者になる資格は十分だった。

だが、ヘンリ6世の王妃マーガレットはランカスター朝の存続を望み、ヨーク家と対立する。百年戦争の終結からわずか2年、1455年から両家が激突する内乱がはじまった。30年におよんだ一連の内乱は、ばら戦争と呼ばれる。

ただし、両家はつねに戦争をしていたわけではなく、ばら戦争とは3次にわたる内乱の総称である。

第一次の内乱で、ヨーク家のリチャードは戦死するが、リチャードの長男マーチ伯エドワードが台頭する。彼は、諸侯やロンドン市民を味方につけて、1461年に**エドワード4世**として即位。これが**ヨーク朝**のはじまりだ。

しかし、エドワード4世が、ランカスター朝の王だったヘンリ6世や王妃マーガレットを抹殺できなかったので、内乱の火種が残った。1485年の終結まで、新王朝を築いたヨーク家と、王位を奪還しようとするランカスター家の戦いはさらにつづくことになった。

ばら戦争 ―― イギリスの〝内戦〟はなぜ長期化したか?

エドワード4世はヨーク朝を開いたが、内乱(ばら戦争)はそれで終わらなかった。ばら戦争は、ヨーク家が白ばら、ランカスター家が赤ばらを徽章《きしょう》としたところから、その名がついたとされる。ただ、その史実は怪しいもので、ランカスター家が赤ばらを徽章としたのは戦争の終わりごろからのことである。さらに、この内乱をばら戦争と名づけたのは、内乱からはるかあと、19世紀の作家ウォルター・スコットだ。

ばら戦争は、百年戦争の続編ともいえる戦争だった。百年戦争がフランスを舞台にした戦いであったのに対して、ばら戦争はフランスを策源地《さくげん》とし、イングランドを舞台にした戦争といえる。**百年戦争がフランス貴族を疲弊させ、その力を弱めたように、ばら戦争はイングランドの貴族をボロボロにした。**

ばら戦争のはじまりである第一次内乱は、先に述べたように、エドワード4世の勝利、ヨーク朝の創立で終わる。第一次内乱におけるエドワード4世の勝利は、のちにキング・メーカーと称されたウォーリック伯リチャード・ネヴィルの貢献が大きかった。そのウォーリック伯が、フランス王の仲介でランカスター派に回り、第二次内乱が勃発する。

第二次内乱では、1470年、ウォーリック伯の後押しによって、まずはランカスター派が勝利、ロンドン塔に幽閉されていた**ヘンリ6世**が復位する。

敗れたエドワード4世はいったんブルゴーニュへ亡命し、ブルゴーニュ公の後押

ばら戦争の関係系図

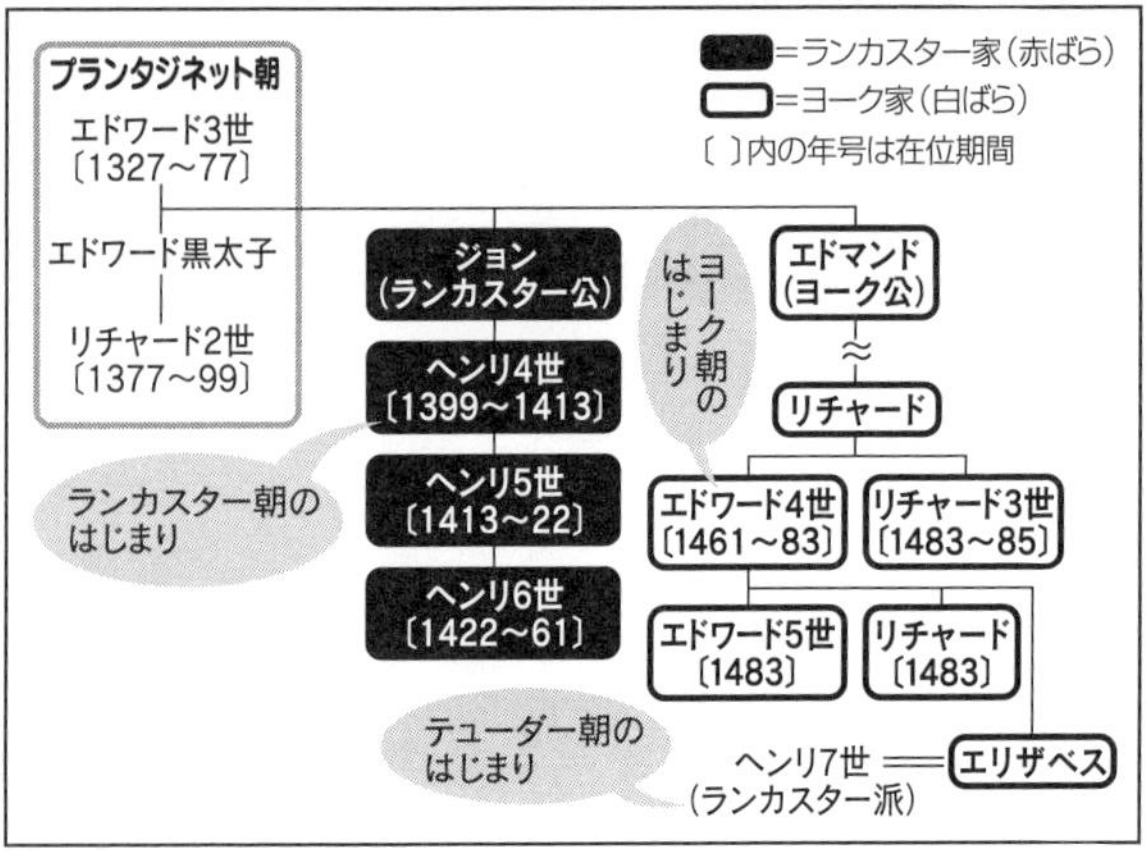

しによってイングランドに再上陸、ランカスター派を打ち破った。エドワード4世は復位し、ウォーリック伯や国王ヘンリ6世をなきものとした。これで、ランカスター派はほぼ壊滅した。

こうして、ヨーク朝はふたつの内乱に勝利したのだが、エドワード4世が亡くなると、新たな内紛が起きる。**エドワード5世**が13歳で即位したのだが、エドワード4世の弟グロスタ公リチャードが王位を奪うため、王をロンドン塔に幽閉、議会に王の廃位を認めさせ、自らが**リチャード3世**として即位した。

リチャード3世は、シェイクスピアの戯曲で有名な人物であり、王となるために次々と近親者を幽閉・殺害したことで知られる。

この内紛劇に対する嫌気から、ほぼ滅びかけていたランカスター家に注目が集まる。フランスにはランカスター派のリッチモンド伯**ヘンリ・テューダー**がいた。彼のもとに反ヨーク派が結集し、フランス王シャルル8世もこの勢力に味方した。

1485年、ヘンリ・テューダーの軍勢はブリテン島に上陸、ボズワースでリチャード3世の軍を破り、王を戦死させた。これにより、ヘンリ・テューダーが**ヘンリ7世として即位、テューダー朝を開く**。意外な人物が最終的に勝利して、ばら戦争は終わったのだが、一連の抗争はイングランドの貴族をひどく疲弊させた。貴族の数は半分に減り、残った貴族も力を失い、王権を左右するようなキング・メーカー的な存在も消滅した。こうして、貴族が力を失って、相対的に王の力が大きくなった。強力な王が支配する絶対王政への基盤ができたといっていい。

ヘンリ7世

テューダー朝を開いた王は、どのような人物だったか?

テューダー朝を開いたヘンリ7世は、穏健な実力者といわれる。彼は、自分の立場、イングランド王家の立場をよくわかっていた。

血筋からすれば、ヘンリ7世にさほどの正統性はなかった。テューダー家はもともとウェールズを地盤としていたうえ、ヘンリ7世の母方の血がエドワード3世にまでつながっているだけだった。ランカスター家のなかでも傍流《ぼうりゅう》にすぎず、そのために王としての正統性と権威を得る必要があった。

彼が選んだのは、ヨーク家の権威を借りることだった。ヨーク朝の祖・エドワード4世の娘エリザベスを王妃として、テューダー家の紋章をヨーク家とランカスター家の紋章を合体させたものにした。

それは文字通り、抗争をつづけてきたヨーク家とランカスター家の融和《ゆうわ》のシンボルだった。ランカスター家の赤ばらは、それに利用するためにヘンリ7世が創作したともいわれる。

ヘンリ7世は、エリザベスとの間に生まれた長子を「アーサー」と名づけた。伝説的英雄アーサー王は、ブリトン人（ウェールズ人の源流）の王である。ウェールズ系のヘンリ7世は、わが子を伝説の王アーサーの再来とし、伝説による権威づけを図ったのである。アーサー出生の地には、わざわざアーサー王ゆかりの地ウィンチェスターが選ばれたほどだ。

また、ヘンリ7世は、イングランド王家の財政基盤の弱さをよく知っていた。へンリ7世にとって幸運だったのは、ばら戦争によって断絶した貴族が多かったことだ。彼は**断絶した貴族の所領を没収して、王家の財政基盤を整えた**。

ヘンリ7世は、国際的にみれば、イングランドが小国であることもわきまえていた。ヘンリ7世の時代は、スペインが大国として勃興しはじめた時代であり、彼はフランスを牽制《けんせい》するために、スペインとの緊密化を図る。

アーサー王子の妻にスペインの王女キャサリン・オブ・アラゴンを招き、アーサーの死後は次男のヘンリ（のちのヘンリ8世）の妻とした。これは、のちにイングランドを揺るがす事件の一因になるが、当時は最善に近い婚姻策といえる。

ヘンリ7世は、ブリテン島内部の政治的安定も図ろうとした。イングランドの北方の国スコットランドがフランスと結ぶと、再び厄介な事態が持ち上がる。そこで彼は、**スコットランドとの和平を目指して、スコットランド王ジェームズ4世の妻として娘のマーガレットを送り込んだ**。

これが、のちにイングランドとスコットランドを合併させ、スチュアート朝と大ブリテン王国を生み出すことの遠因になるが、政治巧者のヘンリ7世にしても、そこまでの歴史の展開はまったく予測できないものだったろう。

世界初の地下鉄がイギリスで誕生

地下鉄の歴史は1863年、イギリスのロンドンからはじまった。世界初の地下鉄は、ロンドンのパディントン駅から、東へ約6キロメートルのファリンドン駅までを結んだメトロポリタン鉄道。この鉄道名が地下鉄を意味する「メトロ」という単語の語源になっている。

ロンドンで世界初の地下鉄が生まれた最大の理由は、当時のロンドンの交通事情にあった。19世紀中ごろのロンドンは「世界の首都」であった分、さまざまな都市問題を抱えた街でもあった。中産階級以上の人々がより快適な住まいを求めて郊外に引っ越していくと、ロンドン市街には低賃金の労働者階級が住み着き、スラム化していった。しかも、郊外に住む人々が毎日通勤してくるため、ロンドンの交通事情は限界寸前となり、一刻も早い交通混雑の緩和が求められていた。

そこで、ロンドンの法務官だったチャールズ・ピアソンは、もはや路上に列車を走らせる余裕はないとして、地下鉄の建設を提案する。

しかし、その提案は、地下に穴を掘ると軌道上の家屋が崩れるのではないかという不安や、地下に穴を掘るのは神への冒瀆《ぼうとく》であるという宗教的な理由から、多くの反対意見を招いた。

それでも、ほかに交通問題の解決方法がなかったため、地下鉄は建設されたが、オープン当初は蒸気機関車が使われていたため、乗客は煙を吸わないようにハンカチで口元を覆《おお》いながら乗車しなければならなかった。しかし、その便利さにはかえがたく、地下鉄は都市交通の主役として成長していく。

サッカーに禁止令が出された時代とは

足でボールを蹴る遊びは、古代エジプトや古代ギリシャなど、大昔から行なわれてきた。ただし、サッカーを近代的スポーツとして成立させたのは、イギリスである。

そのイギリスで、サッカーを意味する言葉が公式に最初に記録されたのは、1314年のことだった。イギリス英語では、サッカーのことをフットボールというが、エドワード2世が「多くの悪徳をはびこらせる」として、この年に「フットボール禁止令」を出しているのである。

その後も14世紀から19世紀にかけて、イギリス各地でフットボール禁止令が出されつづける。現在でも、サッカーにはファン同士の乱闘など、暴力沙汰《ざた》がつきものだが、当時はそれ以上にサッカーのルールに問題があった。近代的なスポーツとなる前のサッカーは、危険きわまりない遊びだったのである。

まず、当時のフットボールは、試合場の大きさに規定がなかったため、大規模なものになると、町や村の全域がコートとして使われた。また、参加人数にも決まりがなかったため、老人、女性、子ども以外のすべての人が参加することもあり、その場合のフットボールは数百人単位で戦う競技と化した。

当然、ただの遊びではすまず、フットボールには大乱闘と流血騒ぎがつきものになった。現在でも、熱狂的なファンが試合後に町中で騒ぐことがあるが、サッカー草創《そうそう》期は、試合をすると、町のあちこちが壊れるほど、激しいものだったのである。

オーストラリアはどうやってイギリスの植民地になった？

最初にオーストラリア大陸に到達した白人は、オランダ人だった。しかし、植民地には向かないと判断したオランダ人は、その後、オーストラリアを放置した。そこで、次に上陸したイギリスのキャプテン・クックこと、ジェームズ・クックが、この地をニュー・サウス・ウェールズと名づけ、イギリス王室の領有と宣言したのだ。

そして１７８８年1月26日、シドニー湾沿岸に11隻の船団が上陸し、イギリス人の移住がはじまった。

オーストラリアでは、現在、この日をオーストラリア・デイ（建国記念日）と定め、盛大なセレモニーを行なっている。

そのイギリス船団の約２０００人のなかには、70名の流刑囚《るけいしゅう》が含まれていた。

それまで、イギリスの流刑植民地は主にアメリカだったが、アメリカが独立したため、代わりに、オーストラリアが囚人の流刑先としての受け皿になったのである。

3

「ヘンリ8世」から「エリザベス1世」の活躍まで――

イギリスの繁栄を築いた絶対王政の時代

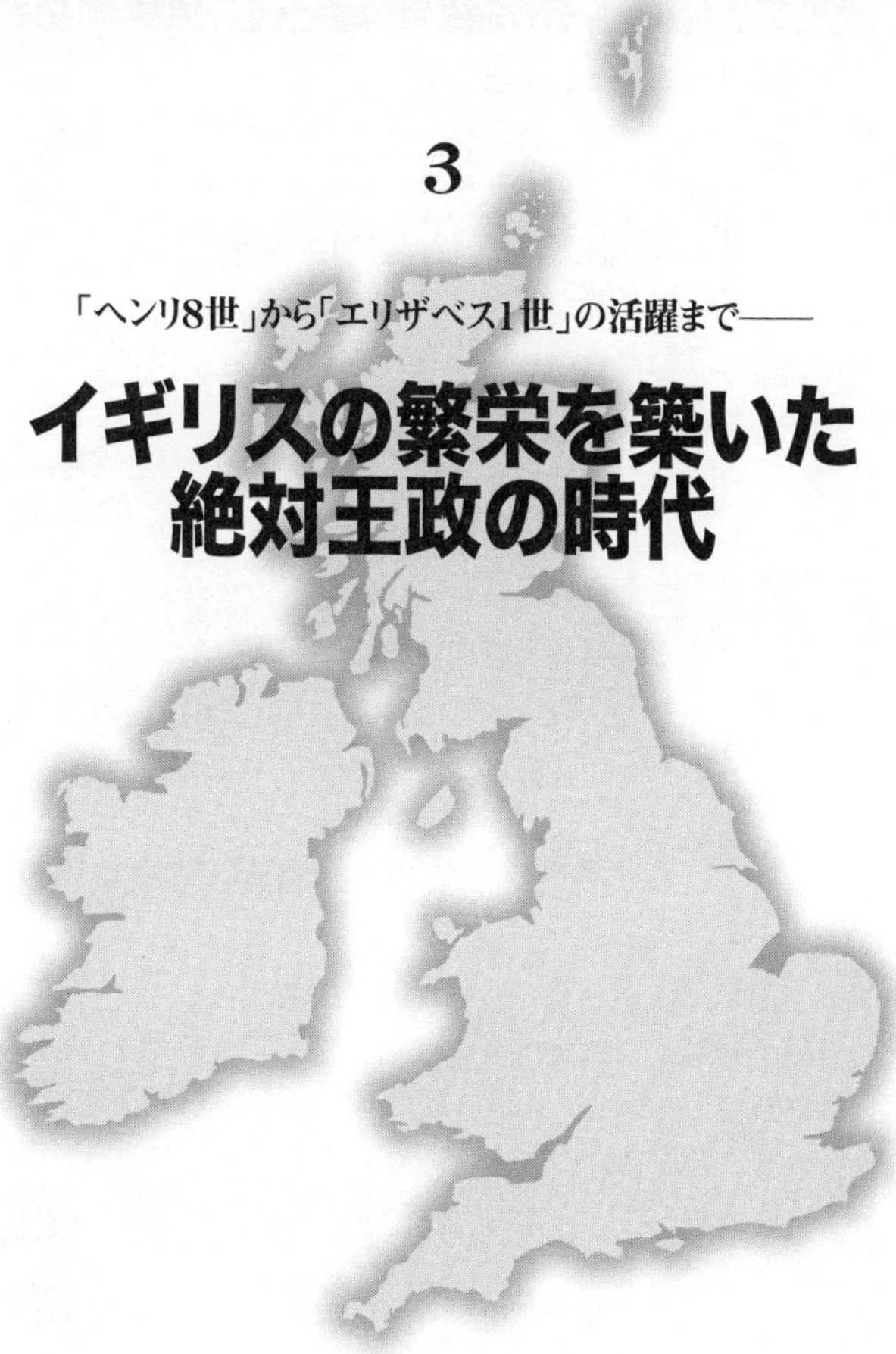

イギリス			日本
テューダー朝	1509	**ヘンリ８世**即位 ヘンリ８世がキャサリンと結婚	室町時代
	1533	ヘンリ８世がキャサリンと離婚	
	1534	**国王至上法（首長法）を発布** **イギリス国教会が成立**	
	1542	メアリ・スチュアート即位	
	1547	エドワード６世即位	
	1553	メアリ１世即位	
	1554	メアリ１世がスペイン皇太子フェリペと結婚	
	1558	**エリザベス１世**即位	
	1559	**統一法**	
	1567	スコットランド女王の メアリ・スチュアート廃位 メアリがイングランドへ亡命する	
	1577	ドレークの世界周航（～80）	安土・桃山時代
	1587	メアリ・スチュアートの処刑	
	1588	**アルマダの海戦** スペインの無敵艦隊がイギリスに敗れる	
	1600	東インド会社設立	
スチュアート朝	1603	エリザベス１世死去 **ジェームズ１世即位** **王権神授説**を唱える	江戸時代

絶対王政の確立

イングランド最初の絶対君主は、どんな王だったか?

1509年、テューダー朝の始祖・ヘンリ7世が死去すると、次男ヘンリがヘンリ8世として即位する。**ヘンリ8世はイングランド最初の絶対君主であり、歴代王の中でも最大級の怪人物**である。

ヘンリ8世が絶対君主として君臨できたのは、彼の能力にくわえて、それが許される環境が整備されていたからだ。まず、ヘンリ8世は子どものころから聡明《そうめい》で、当時、イタリアで勃興《ぼっこう》していたルネサンス的な合理的思考法・知識を身につけていた。外国語にも通じ、その堂々たる体格も含め、まさしく王者らしい王だった。

しかも、国内には、30年つづいたばら戦争によって、すでに王に対抗できるような大貴族は姿を消していた。父ヘンリ7世の実力主義による人材登用もくわわって、王に敵対する貴族はすでにかげをひそめていた。ヘンリ8世の前には、絶対君主への道が開かれていて、彼はその道を歩むだけでよかったのである。

ただ、絶対的権力を握れば、人間、放埒《ほうらつ》に走るものである。ヘンリ8世の私生活は無茶苦茶だった。6回結婚し、2回離婚、ふたりの妻を殺害している。

ローマ・カトリックとイギリス国教会の違い

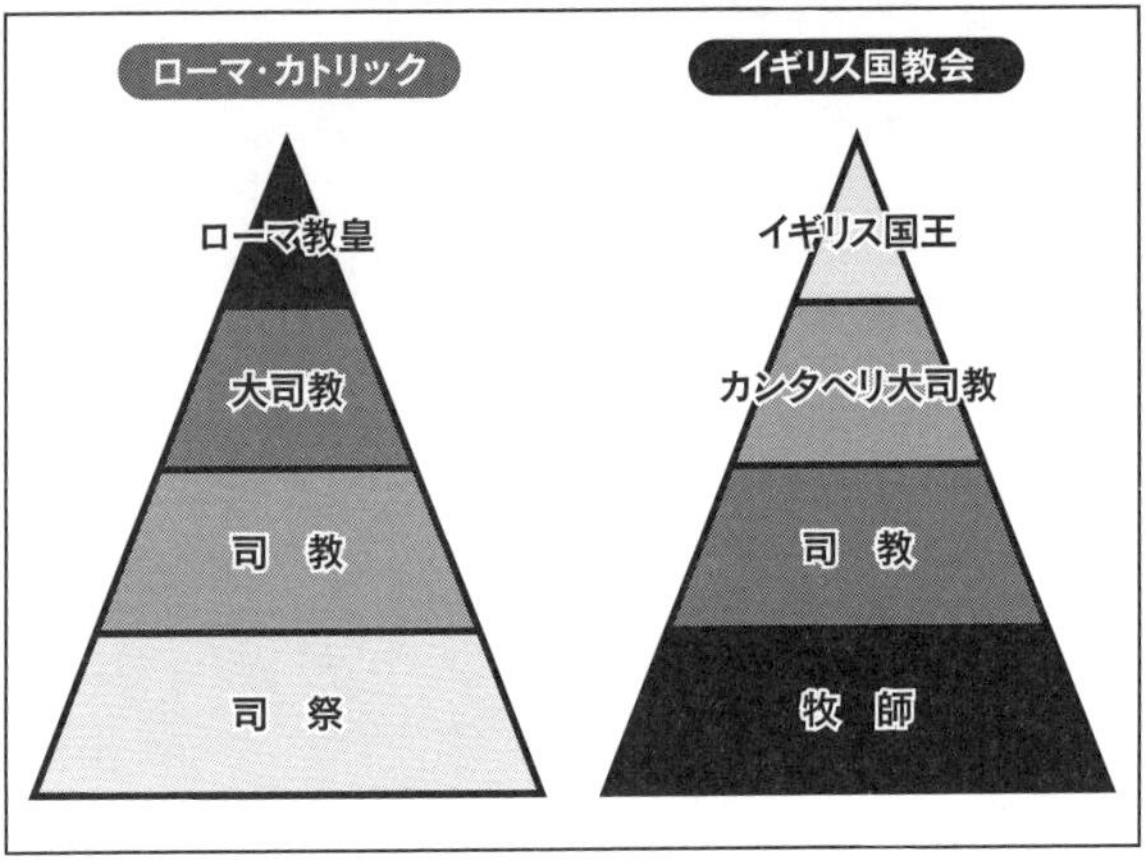

当時、カトリック世界では、離婚するには、ローマ教皇の承認が必要で、しかもなかなか認められなかった。**ヘンリ8世の最初の離婚も、ローマ教皇から認められなかったため、彼は離婚するためにローマ・カトリックから離脱、イギリス国教会を設立した。**

ローマ・カトリックからの離脱は、結果としてヘンリ8世の王権をさらに強化した。当時、絶対君主が唯一超えられなかったのが、ローマ教皇の存在だった。だから、絶対君主といえども、教会や修道院（大地主でもある）には手をつけられなかったのだが、ローマ・カトリックから離脱すれば、もはや国内の教会を恐れることもない。ヘンリ8世は、修道院の財産を次々と没収していく。

こうして、ヘンリ8世は国内では絶対君主として圧倒的な力をみせつけたが、対外的には強力な君主とはいえなかった。イングランドの国力は、まだ大陸の強国におよばなかったのだ。

歴代イングランド王同様、大陸に足場を築こうとするが、失敗に終わり、軍事費ばかりがかさむことになった。

ヘンリ8世

6回も結婚をした意外な理由とは

ヘンリ8世が6回も結婚をしたことは当時のヨーロッパでは庶民も含めてひじょうに珍しいことだった。そこには、**ヘンリ8世の男子の嫡子《ちゃくし》を得たいという悲願がからんでいた。**

ヘンリ8世の最初の結婚相手は、スペイン出身のキャサリン・オブ・アラゴンである。この結婚を仕組んだのは、父ヘンリ7世である。当時、スペインは新興の大国であり、ヘンリ7世はスペインとの関係を強化したかった。キャサリンは、まずヘンリ8世の兄アーサーと結婚するが、彼女が16歳のときにアーサーは亡くなってしまう。本来なら、ヘンリ7世は彼女をスペインに帰さなければならないところだが、スペインとの関係を維持するため、彼女をイングランドにとどめた。

そして、ヘンリ7世の死後、ヘンリ8世がキャサリンと結婚する。そのとき、ヘンリ8世は18歳、キャサリンは24歳だった。

結婚当初、ふたりの仲は睦まじく、キャサリンは国民の人気も得ていたが、男子を産むことができなかった。6人の子はすべて女子で、それも死産か早死にが多く、無事に育ったのは**メアリ**ただひとりだった。

男子の嫡子を望むヘンリ8世にはそれが不満であり、複数の愛人をつくりはじめる。そのひとりが、キャサリンの侍女**アン・ブーリン**だった。

アンが妊娠すると、ヘンリ8世はキャサリンとの結婚を無効にし、アンと結婚する。ところが、ふたりの間に生まれたのはまたもや女子であり、ヘンリ8世を落胆させた。その女子が、のちの**エリザベス1世**である。

ヘンリ8世はアン・ブーリンにも失望して、またもや浮気をはじめる。次の相手は**ジェーン・シーモア**だった。ジェーンと結婚するためには、アン・ブーリンと離婚する必要がある。ヘンリ8世はアンとの結婚を無効にするため、残虐な手法を使う。アンが密通したとして、処刑してしまったのだ。

アンを処刑したことで、ヘンリ8世は堂々とジェーン・シーモアと結婚する。ふたりの間に待望の男児（のちの**エドワード6世**）が誕生するが、ジェーンは産後、すぐに死去した。

ヘンリ8世の次の相手は、ドイツ貴族のユーリヒ＝クレーフェ＝ベルク公ヨハン3世の娘**アン**である。それは、ローマ教皇に対抗するための政略結婚だったが、わずか6か月で離婚した。国際情勢が変化し、アンとの結婚がイングランドの危機を招きかねなかったからだ。さすがにヘンリ8世も、実力者の娘を粗略《そりゃく》にはできず、離婚したアンに領地を与え、「王の妹」という称号まで贈っている。

ついで、ヘンリ8世の5番目の妻となったのは、彼の二度目の妻アン・ブーリンの従姉妹にあたる**キャサリン・ハワード**である。この結婚はまたもや惨劇に終わる。すでにヘンリ8世はこの結婚時点で49歳になり、ぶくぶくに太りはじめていた。19歳のキャサリンにはそれが耐えられなかったのか、かつての恋人と密通する。それがヘンリ8世の知るところとなり、キャサリンは従姉妹のアン・ブーリン同様、処刑された。

最後の妻となったのは、**キャサリン・パー**である。彼女は二度夫と死別した未亡人だったが、その才女ぶりはよく知られていた。結婚後、ヘンリ8世によく仕え、宮廷の華となった。ヘンリ8世のふたりの娘を教育したのも彼女であり、ヘンリ8世は彼女と婚姻関係を結んだまま、死去した。

アン・ブーリン——「1000日のアン」はどんな女性だったか?

ヘンリ8世が女性・結婚・離婚問題で暴走しはじめるのは、アン・ブーリンを知ってからのことである。アン・ブーリンは映画『1000日のアン』でも知られる女性だが、イングランドの商人の娘であり、一時はフランス宮廷に出入りしていたことがあった。姉がヘンリ8世の愛人になったことをひとつのチャンスとみて、イングランド王室に出入りし、キャサリン王妃の侍女となったことで浮上する。

王妃からヘンリ8世を奪った侍女アンだが、美人だったという話は伝わっていない。色黒でやせ気味だったという。そのころ、ヘンリ8世にはほかにも複数の愛人がいて、彼女はそのひとりにすぎなかったのだが、ついにはヘンリ8世の心を奪ってしまうのだ。

美人でないアン・ブーリンが恋の勝者となったのは、彼女が男の心を操る術を知っていたからといえそうだ。彼女は、ヘンリ8世が言い寄ってきても、自分を安売りしなかった。彼女は男をどうあしらえば、男がより燃えるかを知っていた。ヘンリ8世は、じらされるほどに、アンにぞっこんになってしまったのである。

アンはひじょうに上昇志向の強い女性だった。王妃の座を望み、ヘンリ8世は離婚問題を進めることになった。イングランドを揺るがした離婚問題には、ヘンリ8世だけでなく、アンという女性の個性も関係している。

だが、ヘンリ8世の情熱が冷めるや、アンの強気な態度は裏目に出てしまう。ヘンリ8世は、ジェーン・シーモアに気持ちが移ると、離婚に応じようとしないアンを疎ましく思いはじめる。アンを屈伏させるには、抹殺《まっさつ》するしかない。そこで、アンの密通をでっちあげ、処刑してしまったのである。

アンがヘンリ8世の王妃として栄華を楽しんだのは、約1000日ほどだったが、アンは最後のときまで堂々と処刑場に歩を進めたという。

イギリス国教会の成立——なぜ、ローマ・カトリックから離脱したのか?

ヘンリ8世の最大の事業は、イギリス国教会の創設である。1534年、**ヘンリ8世は国王至上法《しじょうほう》（首長法《しゅちょうほう》）を発布、イギリス国教会を成立させた。**イギリス国教会はローマ・カトリックから独立、**イングランド国王をイギリス国教会の唯一最高の首長としたのである。**

当時、大陸では宗教改革の嵐が吹き荒れ、イギリス国教会の成立は、結果としてイングランド版の宗教改革となった。ただし、イングランドの宗教改革は、大陸のような宗教思想的な対立から生じたものではない。ひとえに、国王ヘンリ8世の個人的な事情によって、宗教改革が行なわれたと言っていい。

本来、ヘンリ8世は、ドイツで宗教改革をはじめた**マルチン・ルター**の考えに好意を持っていなかった。そのため、ローマ教皇から「信仰の擁護者」という称号さえもらっていたほどだ。

ところが、王妃キャサリンと離婚を決意してから、ローマ教皇への態度を一変させる。当時、カトリックでは離婚を容易に認めず、ローマ教皇はヘンリ8世の離婚を許そうとはしなかった。

もし、ヘンリ8世に大陸を従えるほどの力があれば、話は別だったろうが、大陸ではスペインとオーストリアにまたがるハプスブルク帝国が覇《は》を唱えていた。

ハプスブルク皇帝カール5世にとって、イングランド王妃キャサリンは叔母にあたる。ローマ教皇は、叔母のことを思いやるカール5世の意向を気にして、離婚を許可できなかったのである。

イギリス国教会の創設は、離婚したくても許可を得られないヘンリ8世の強行突破作戦だった。まずはキャサリンとの結婚を無効とし、カンタベリ大司教にアン・ブーリンとの結婚の合法性を認めさせる。

これにより、ローマ・カトリックはヘンリ8世を破門、その報復としてヘンリ8世はイギリス国教会を創立したのだった。イギリス国教会の首長は国王ヘンリ8世だから、あとは彼が好き放題にできた。

イギリス国教会は、ヘンリ8世の個人的事情から生まれたにすぎないだけに、その時点での教義や儀式は従来のカトリックの伝統に沿っていた。そのため、イングランドの宗教問題は未解決のまま残り、のちのピューリタン革命の遠因にもなる。

エドワード6世とメアリ1世――ふたりの信仰の違いから後継者問題へ

テューダー朝のもっともエキセントリックな王、ヘンリ8世は1547年に死去した。彼のひとり息子があとを継ぎ、エドワード6世として即位する。ところが、エドワード6世は健康に恵まれず、16歳の若さで死去し、子どもを残さなかった。

そこで、ヘンリ8世の娘たちに女王となる道が開けた。まずは、ヘンリ8世とキャサリン王妃の娘メアリが**メアリ1世**として即位、メアリ1世が死去すると、ヘンリ8世とアン・ブーリンの娘エリザベスが**エリザベス1世**として即位した。

エリザベス1世は、テューダー朝の栄光を体現した女王だが、彼女に行き着くまでのふたりの統治者の時代、イングランドは宗教問題で揺れ動いた。それは、**エドワード6世とメアリ1世の信仰の違いから生まれた**といっていい。

ヘンリ8世のひとり息子エドワード6世は、大陸のプロテスタンティズムの影響を受け、熱心なプロテスタントだった。彼の後見役となった叔父サマセット公もプロテスタントであり、サマセット公失脚後に台頭したノーサンバランド公も、プロテスタント的な政策を推し進めた。

エドワード6世は病弱であり、16歳の若さで死去したため、死後、プロテスタントたちから純真な少年王として偶像視されるようになる。そんなエドワード6世の偶像から生まれた小説が、マーク・トウェインの『王子と乞食』である。

エドワード6世の死を受けて、イングランド初の女王、メアリ1世の時代を迎える。メアリ1世の母キャサリンは、カトリック大国スペインの出身だけに、メアリ1世もまた熱心なカトリックだった。

エリザベス女王の誕生まで

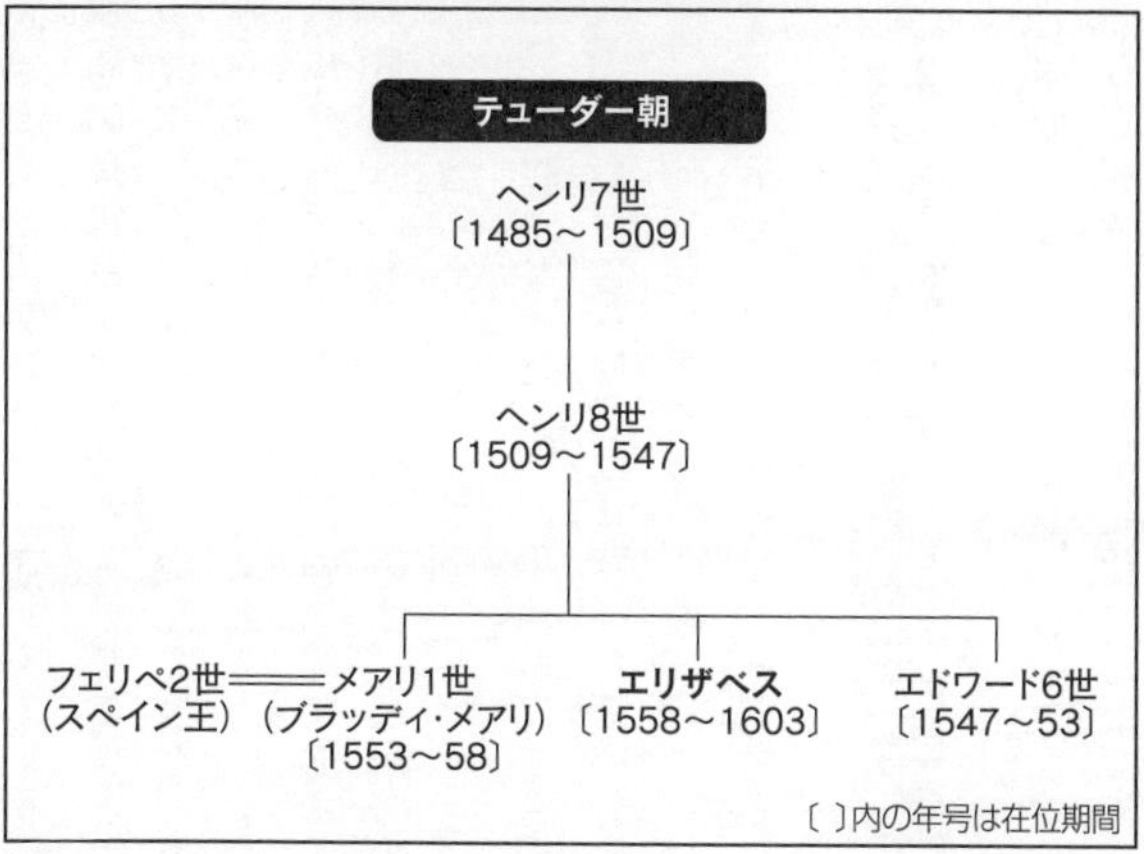

メアリ1世は、父ヘンリ8世、エドワード6世とつづいた反カトリック的な政策を放棄、ローマ・カトリックと和解した。その一方、イングランド国内のプロテスタントを弾圧し、改めない者を火あぶりの刑に処した。そこから、彼女についたあだ名が**「ブラッディ・メアリ（血まみれのメアリ）」**である。

メアリ1世にとって大きな問題のひとつは、後継者問題だった。メアリ1世から子どもが生まれないかぎり、異母妹のエリザベスが次の女王となる。メアリ1世は、当初はそれをよしとしていたようだが、しだいに気持ちが変わってくる。

その理由のひとつは、エリザベスがプロテスタントだったことである。メアリ

1世にはイングランドでプロテスタントが復活することが許せなかったのだ。もうひとつの理由は、エリザベスの母アン・ブーリンが、母キャサリンから王妃の座を奪い取り、その後も冷酷だったことだ。その恨みが、娘のエリザベスに向けられたのだ。メアリ1世は結婚を決意、スペインのフェリペ皇太子（のちのフェリペ2世）と結婚する。スペインは母の故国であるうえ、カトリック勢力の旗頭だった。

くわえて、当時のスペインは「太陽の沈まない」強国であり、フランスへの牽制《けんせい》にもなった。

だが、フェリペとの間に子どもはできず、カトリック系の後継者を残すことはできなかった。さらに、フェリペの要請を受けて参戦した対フランス戦で敗北。大陸に唯一残っていた拠点カレーを失うことになった。

1558年、メアリ1世は失意のうちに息を引きとった。

エリザベス1世の政治——イギリス繁栄の基礎を築いた女王は、どんな人生を送ったか？

15世紀までのイングランドは、ヨーロッパ全体からみれば、けっして大国ではなく、フランス、スペインに比べると、格落ちの感が否めなかった。ところが、16世紀後半、イングランドは急浮上をはじめる。**エリザベス1世の時代に、のちの大国イギリスの基礎が築かれていく。**

1558年、メアリ1世の死後、エリザベス1世が即位したとき、最初に解決しなければならない課題は宗教問題だった。

エドワード6世の時代に、プロテスタント化が進んだと思ったら、次のメアリ1世の時代にはカトリック化に逆流した。両者の治世が短かったため、イングランドは短期間のうちに宗教問題で揺れ動いていた。

エリザベス1世はプロテスタントに近かったが、政治的には中道路線をとった。イギリス国教会に、カトリックもプロテスタントも取り込む基盤をつくったのだ。また、ヘンリ8世は国王を教会の首長としたが、エリザベス1世はこれを統治者と改め、柔軟なイメージを打ち出した。これにより、イングランドの宗教問題は、ひとまず落ち着いていく。

また、エリザベス1世は財政を確立するため、海洋・貿易立国を志向する。まず、東地中海に貿易会社を設立、1600年には**東インド会社を設立**し、アジアにも進出していく。

エリザベス1世は、ルネサンス的な知識を身につけた絶対君主といえる。その点では父ヘンリ8世と同様なのだが、父よりもはるかに柔軟で現実的な統治センスをもっていた。

それは、彼女が女王になるまでの不遇な人生と、すぐれた教育によって生み出された能力といえる。

エリザベスは、ヘンリ8世とアン・ブーリンの間の子だが、母アンが父に処刑されると、庶子《しょし》の地位に落とされる。彼女は、プリンセスの地位も、王位継承権も剥奪され、一時はロンドン塔に幽閉されたこともある。そして、異母姉メアリ（メアリ1世）には憎まれがちだった。

彼女の人生が大きく変わるのは、ヘンリ8世が六度目の結婚で、キャサリン・パーを迎えてからのことだ。才女にして思いやりの深い彼女は、エリザベスを不遇な環境から救い出す。

エリザベスはプリンセスとして復権し、高度な教育も受けられるようになった。キャサリンなくして、エリザベス1世は生まれなかったのだ。

また、エリザベス1世は、エドワード6世とメアリ1世の時代をつぶさに観察したことだろう。国を統治することがいかに難しいかを知り、自らの治世に役立てたのだ。

処女王の生涯

独身を貫いた本当の理由とは

エリザベス1世は、生涯結婚しなかった女王として知られる。結婚しなければ、王室の後継者はいなくなる。現に、エリザベス1世の代でテューダー朝はとだえてしまうが、彼女はその功績によって、国民の間で**「処女王（ヴァージン・クィーン）」**と讃《たた》えられることになる。

エリザベス1世が結婚をしなかったのには、いくつかの理由がある。最大の理由は、**イングランドの政治的独立を守る**ためだった。当時、エリザベス1世には多くの求婚相手がいた。

スペイン王フェリペ2世をはじめ、大陸の大物たちが求婚してきたが、彼女はすべて断った。彼ら大国の王や後継者と結婚することで、イングランドがその大国の支配下に置かれることを恐れたのだ。

たとえば、スペイン王フェリペ2世と結婚すれば、その子はスペインのハプスブルク家の血を引くことになる。後継者がやがて即位したとき、後継者の気持ちしだいで、イングランドは、スペイン・ハプスブルク帝国の下に立たされることになる。

エリザベス1世は、それを避けようとしたのだ。

実際、エリザベス1世の異母姉のメアリ1世は、皇太子時代のフェリペ2世と結婚している。ふたりの間に子どもは生まれなかったが、イングランド国内に大きな反発が生じたことを、エリザベス1世はよく覚えていた。

また、エリザベス1世にとって、**結婚はひとつの外交カード**だった。カードを切るからには、イングランドにとってもっとも有利な結婚をしなければならない。大陸の国際情勢の変化を見ていくうちに、カードを切る機会を失ってしまったとも考えられる。

もうひとつ、エリザベス1世が、女性としての機能に自信を持っていなかったからとも考えられている。エリザベス1世の主治医ヒュイック博士は、女性特有の疾患を理由に、彼女に結婚を控えたほうがいいとアドバイスしている。

最近の研究では、エリザベス1世の子宮は発育不全であり、生理もなかったと指摘されている。エリザベス1世は子どものころロンドン塔に幽閉され、そのため発育に問題があったともみられる。

もちろん、彼女にも貴族らとの浮いた噂は少なからずあった。隠し子がいたともいわれるが、それは後世つくられた〝お話〟だろう。エリザベスは、国民に対して

「自分はすでにイングランドという名の夫と結婚している」と宣言、それは彼女のような徹底的な政治的人間の場合、かなりの部分、本音だったようにも思える。

カリブの海賊――イングランドは海賊行為でどのくらい稼いだか？

エリザベス1世時代のイングランドが、ヨーロッパで大国としての基盤を確立した背景には、じつはウラがあった。**エリザベス1世は海賊を容認するばかりか、彼らに出資し、他国の富を奪って財貨をため込んでいた**のである。

それは、弱者の戦略といえた。ヨーロッパでいち早く外洋に進出、海上帝国を築いたのはスペインとポルトガルである。海洋交易のおいしいところはスペインとポルトガルにほぼ独占され、乗り遅れたイングランドに出番はなかった。そのままでは、スペインに差をつけられるばかりなので、**挽回《ばんかい》策として企てたのが、スペインの富を海上で略奪すること**だったのだ。

エリザベス1世の時代、イングランドからは**フランシス・ドレーク**、**リチャード・ホーキンズ**など、名だたる海賊が現れる。彼らはイングランドでは海賊とは呼ばれず、「探検家」「航海家」「商人」と名乗っていたが、していることは海賊行為以外

カリブの海賊とドレークによる世界周航

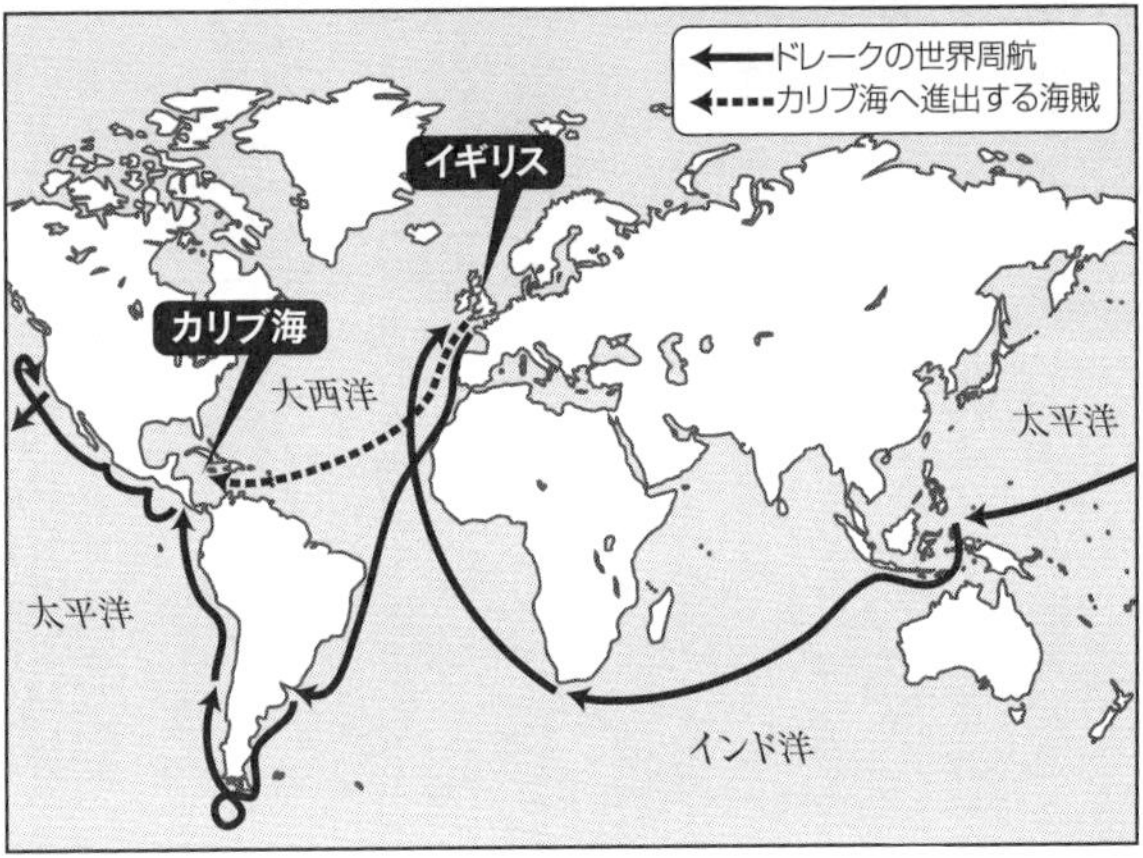

の何物でもなかった。

彼らが主に狙ったのは、カリブ海のスペイン船である。スペインの富の源泉は、南米大陸のポトシ銀山から採掘された銀である。海賊らはスパイ網を張りめぐらせてスペイン船の動向をキャッチすると、**カリブ海で待ち伏せして襲撃、富を強奪した**のだ。

海賊稼業を行なうには、元手も必要である。スポンサーになったのはエリザベス1世や彼女の側近たちである。海賊が略奪に成功すれば、巨額の配当が転がり込んできた。

万一、彼ら海賊船がスペインの船団に敗れたときは、彼らは囚われの身となる可能性があるが、そのさい彼らはイングランド出身とはいわない。シラをきりとおし、イングランドが彼らを救済することもなかった。

ドレークら海賊の跳梁《ちょうりょう》は、イングランドに莫大な富をもたらした。ドレークだけでも60万ポンドをイングランドにもたらしたとみられる。当時のイングランドの国家予算が20万ポンド程度だったから、**ドレークは国家予算の3年分を収奪した**ことになる。その富の蓄積が、イングランドを大国へと押し上げていくのだ。

アルマダの海戦——イングランド艦隊は、スペイン無敵艦隊をどう破ったか?

エリザベス1世が栄光の女王といわれるひとつの理由は、彼女の時代に**スペインの無敵艦隊「アルマダ」を破った**ことである。**アルマダの壊滅によって、スペインはイングランド上陸を断念、イングランドは危機から救われた。**

16世紀後半、フェリペ2世のスペインは、南米大陸の銀と、支配下にあったオランダの富を基盤とし、大陸の最強国家となっていた。イングランドは、テューダー朝の祖ヘンリ7世以来、そのご機嫌をうかがいながら外交政策を進めてきた。

エリザベス1世も当初は、フェリペ2世と友好関係にあったが、やがて激しく対

アルマダの海戦

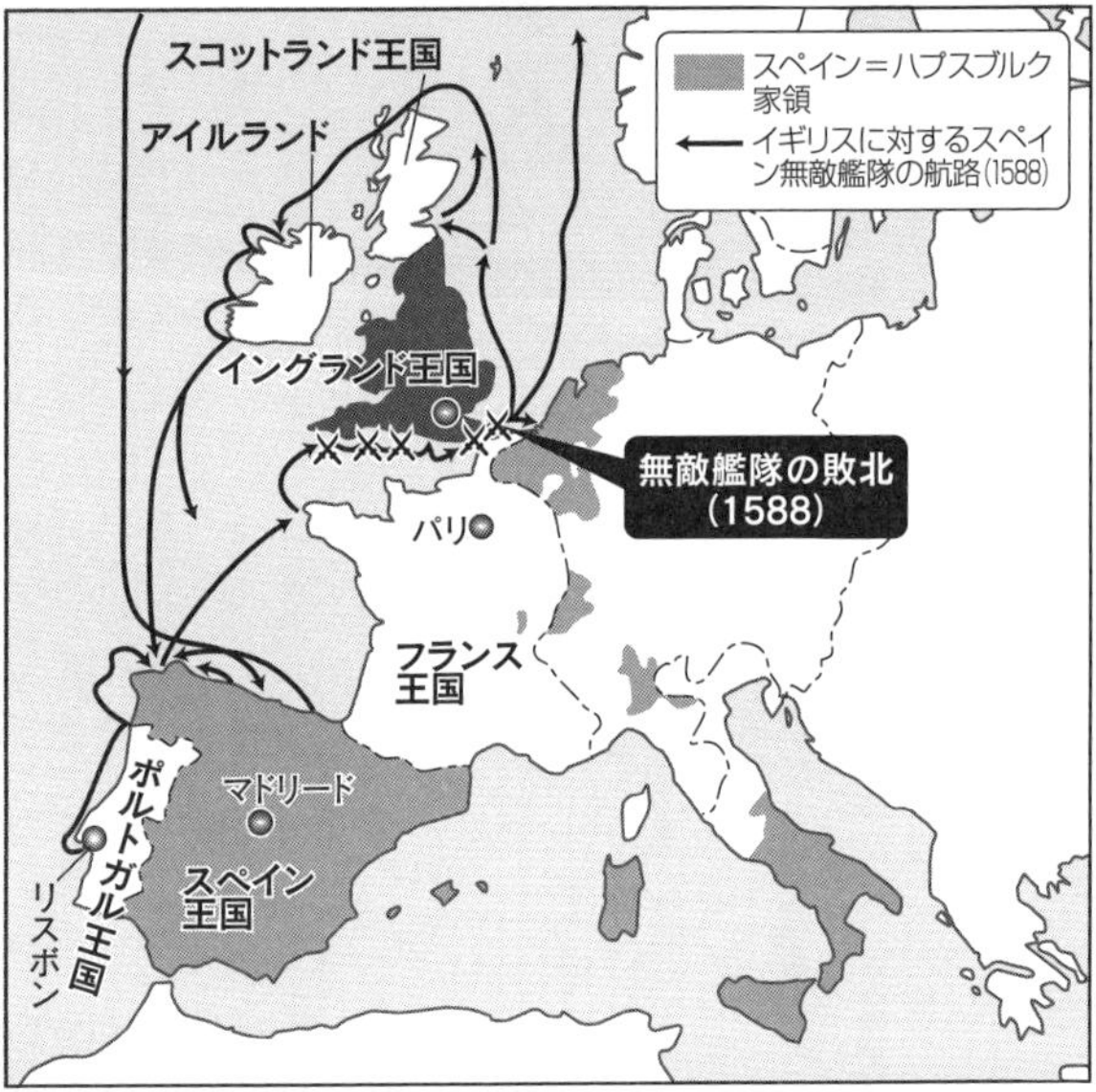

立しはじめる。争点のひとつは、オランダの独立である。**スペインは、オランダの独立運動を封じ込めようとしていたが、エリザベス1世は自国の安全保障上、オランダの独立を支持した。**

また、エリザベス1世時代のイングランドがプロテスタント色を強めていたことも、熱心なカトリック信者であるフェリペ2世には不満だった。むろん、スペイン船を襲うドレークら海賊のバックに、エリザベス1世がいることも気づいていた。ついに、フェリペ2世はイングランド侵攻作戦を計画、130隻の艦隊を編成した。

1588年、**イングランド艦隊は、フランスのカレー沖で、スペイン無敵艦隊「アルマダ」に挑戦**する。イングランド艦隊は、火をつけた船をスペイン艦隊に突っ込ませるという奇襲戦法を仕掛けた。

折からの強風もあって、スペイン艦隊は攪乱《かくらん》され、ちりぢりばらばらとなる。その後、海は時化《しけ》つづきで、ばらばらになったスペイン艦隊の多くは、スコットランド沖まで流されてしまった。結局、スペインは130隻のうち44隻を失い、イングランド侵攻を断念する。

これがアルマダ撃破の真相で、イングランドは悪天候に助けられた側面が大きい。スペイン船のうち、イングランド艦隊に撃沈されたのは9隻にすぎなかった。

また、アルマダ撃破をもって、ヨーロッパの覇権がスペインからイギリスに移ったというのも間違いである。小国イングランドにとっては大勝利であっても、大国スペインにとっては没落していく過程のひとつの事件にすぎないといえる。

そもそも、無敵艦隊「アルマダ」は、無敵といえるほど、戦績を積んだ艦隊ではなかった。1571年、オスマン帝国の艦隊をレパントで破って（レパントの海戦）

名を高めたのだが、その海戦でもオスマン艦隊を撃滅したわけではなかった。その後も、オスマン艦隊は依然、地中海に健在であり、「無敵艦隊」という名前は、それを破ったイングランドを讃えるための過剰な持ち上げだったといえるのだ。

メアリ・スチュアート——スコットランド女王は、なぜ処刑された？

エリザベス1世の統治時代、彼女を悩ませた存在にスコットランド女王のメアリ・スチュアートがいた。**メアリ・スチュアートは、スコットランドにいられなくなり、イングランドに転がり込んできた**からである。

彼女がイングランドに保護を求めてやって来たのは、イングランド王家と血統的なつながりがあったからだ。かつて、テューダー朝の始祖であるヘンリ7世は、スコットランドと平和な関係を築くべく、娘マーガレットをスコットランド王ジェームズ4世に嫁がせた。メアリ・スチュアートは、その孫に当たり、**イングランド王位の継承権を持っていた**のだ。

メアリ・スチュアートがイングランドに転がり込んできたのは、彼女の放蕩《ほうとう》のつけといえる。彼女は、もともとフランスのフランソワ2世の王妃だったが、王が即位後わずか1年で死ぬと、子どもがいなかったため、スコットランドに戻ることになった。メアリはスコットランド女王となるが、愛欲に溺《おぼ》れ、しまいには夫殺しに関与する。彼女のフランスの影響を受けたカトリック化政策も、国を混乱させた。スコットランドでは、貴族らが反乱を起こし、彼女を捕らえて、スコットランド王位を放棄させた。メアリは、スコットランドにいては命さえ危うくなったので、1567年、イングランドのエリザベス1世を頼って逃げてきたのである。

メアリはカトリック信者だったので、イングランドのカトリック信徒にはカトリック復興のシンボルに思えた。イングランド王位継承権を持つメアリがエリザベス1世に代わって女王となれば、イングランドがカトリックの国に戻ると考えたのだ。また、海外のカトリック勢力も、メアリをエリザベス1世打倒の材料として使えるとみていた。現実に、エリザベス1世暗殺の陰謀が次々と企てられては、失敗を繰り返すことになる。

エリザベス1世としては、そんな災いをもたらす厄介者を一刻も早くスコットランドに戻してしまいたかった。ただ、スコットランドに帰せば、おそらく処刑されるわけで、救いを求めにやって来た者を見放せば、自分の評判にもかかわる。

また、彼女とその子にイングランド王の継承権があることを念頭に置けば、子のいないエリザベス1世にとって抹殺することはためらわれた。

そんなエリザベス1世の思いは、メアリには伝わらなかった。メアリがローマ司教の誘いに乗って、エリザベス1世暗殺と即位を画策したと知ると、エリザベス1世の我慢も限界に達し、1587年、メアリを処刑した。

スチュアート朝
――スコットランド王がイングランド王に即位した事情

1603年、エリザベス1世が死去すると、テューダー朝は断絶した。そこで、テューダー朝の始祖ヘンリ7世の血をひく**スコットランド王ジェームズ6世が、イングランド王ジェームズ1世として即位**した。イングランドとスコットランドとの間に、同じ君主を持つ「同君連合」ができ上がったのである。これが、イングランドにおけるスチュアート朝のはじまりである。

スコットランドでのスチュアート朝の歴史は、14世紀後半にまでさかのぼる。スコットランドの歴史を見ていくと、9世紀前半、ケルトの一派であるスコット人とピクト人をマックアルピンが統一し、ケニス1世として即位、アルピン王家の始祖となる。ちょうどイングランドが、エグバートによって統一される時代だ。

その後、スコットランドでは、アサル家、ベイリャル家、ブルース家と王朝が交代する。ブルース朝は、イングランドを打ち破ったロバート１世にはじまるが、やがて血統が絶えたため、１３７１年にブルース１世の王妃の血をひくウォルターがロバート２世として即位した。

これが、スチュアート朝のはじまりである。「スチュアート」という名は、ウォルターの職位名である「ハイ・スチュワード」に由来する。**スチュワードとはスコットランド王に仕える宰相兼蔵相**といったところだ。

スチュアート朝のはじまり

〔 〕内の年号は在位期間

テューダー朝

ヘンリ7世
｜
マーガレット ＝＝ ジェームズ4世（スコットランド王）〔1488～1513〕
｜
ジェームズ5世（スコットランド王）〔1513～42〕
｜
メアリ・スチュアート（スコットランド王）〔1542～67〕
｜
スチュアート朝

ジェームズ6世（ジェームズ1世）
〔スコットランド王 1567～1625〕
〔イングランド王 1603～25〕

スチュアート朝の３代目ジェームズ１世は、王妃にイングランドのプランタジネット朝のエドワード３世の血をひくジョアンを迎えた。

これにより、イングランド王家とスコットランド王家は近くなり、その後スコットランドのスチュアート朝ジェームズ４世は、テューダー朝の祖ヘンリ7世の娘マーガレットを王妃とした。ふたりから生まれた子がジェームズ5世となり、その娘がエリザベス1世を悩ませたメアリ・スチュアートである。

メアリ・スチュアートは、スコットランド女王時代にダーンリー卿ヘンリ・スチュアートと結婚、ジェームズ（ジェームズ6世）を産む。しかし、貴族の反乱にあって、彼の出生後8か月で、父は殺され、母は廃位となった。

そんななか、ジェームズはわずか1歳でスコットランド王として即位する。ジェームズは、母のメアリ・スチュアートがそうだったように、テューダー朝の王位継承権を持つひとりであり、エリザベス1世の死去ののち、イングランドの王位が回ってきたのである。

ジェームズ1世――なぜ、議会と対立したのか？

スチュアート朝の始祖となったジェームズ1世は、イングランドでは不人気な王だった。彼の政治的信念と、イングランドの歴史がうまく調和しなかったからだ。

ジェームズ1世が強く唱えたのは**「王権神授説《しんじゅせつ》」**である。その説は、王の権力は神から授かったものであり、神以外の何物にも左右されないという、絶対王政の基盤となった思想である。ジェームズ1世は早くから王権神授説を研究し、スコットランド王時代には『自由な君主国の真の法』という論文を著していたほどだった。

ジェームズ1世の王権神授説は、この時代の王がよく唱えた説ではあったが、それはイングランドの歴史と実情とは嚙み合わなかった。イングランドには、13世紀すでにマグナ・カルタによって、王権の制限を王に認めさせたという歴史がある。

王権神授説を真っ向から説くジェームズ1世は、22年間の治世で、議会を4回しか招集しなかった。財政支出を要求するものだったが、議会は王の要求をほんの一部しか通さなかった。

また、ジェームズ1世は宗教政策をめぐっても反発を買った。先代のエリザベス1世は、イギリス国教会を軸にしてプロテスタント寄りだった。それに対して、ジェームズ1世は、自分自身はプロテスタントのカルヴァン主義者でありながら、プロテスタント勢力に冷淡だった。王権神授説を信奉するジェームズ1世は、プロテスタントに王権を制限しようとする民主的な主張を感じ、許せなかったとみられる。

その一方で、ジェームズ1世はカトリックに肩入れするわけでもなく、カトリックによるテロ未遂事件が起きたのちは、カトリックの弾圧に回る。ジェームズ1世はカトリックにもプロテスタントにも、そして議会にも不人気の王だったのである。

なぜイギリスは“紳士の国”になったのか？

イギリス男性といえば、「ジェントルマン」という言葉がまず思い浮かぶ。ダークスーツを着て山高帽《やまたか》をかぶった紳士のイメージだが、そもそもイギリスでいわれるジェントルマンとは、いったいどんな人を指す言葉なのだろうか？

イギリスにおいてジェントルマンとは、「貴族よりも一段下だが、由緒《ゆいしょ》正しい家に生まれた中規模地主層」を意味する言葉だった。「郷紳《きょうしん》」とも訳されるように、彼らは地方に中規模の土地を持つ名士で、地方行政にボランティアとして参加したり、議会の議員として中央政界で活躍するなど、社会奉仕を主な仕事とする人々だったといえる。

そして時代が下るとともに、ジェントルマンの定義は拡大解釈されるようになり、上級官吏《かんり》、法曹《ほうそう》関係者、医者といった専門職につく人々も、ジェントルマンと呼ばれるようになった。

そんななか、ジェントルマンと認められるために、あらゆる努力をおしまない人々がいた。産業革命という技術革新によって生まれた資本家たちである。

19世紀後半のイギリスは「世界の工場」と呼ばれ、時代の最先端をいく工業国に成長していたが、中世以来つづいた支配体制は変わらず、社会的地位が高いのは、貴族と地主層だった。そこで資本家たちは、成り上がり者と軽蔑《けいべつ》されないために、ジェントルマンにふさわしい服装、教養、言葉づかいを学ぼうと躍起《やっき》になったのである。

こうして、イギリスにジェントルマンと呼ばれる人々が増え、イギリスは「紳士の国」というイメージが広まった。ただ現在では、ジェントルマンという言葉は、社会的な階層を示す言葉ではなく、男性一般の丁寧《ていねい》な呼び方として使われている。

ロンドン塔が幽閉地になった理由とは

ロンドン塔といえば、現在ではイギリスを代表する観光名所のひとつだが、もとは王族・貴族の幽閉《ゆうへい》地として血塗られた歴史をもつ、恐ろしい場所だった。

ロンドン塔は、11世紀にノルマン朝の

観光名所としても有名なロンドン塔

初代イングランド王ウィリアム1世によって建てられた城塞《じょうさい》だったが、その後、増改築が繰り返され、いつしか身分の高い政治犯を幽閉・処刑するための監獄《かんごく》として使われるようになった。

ロンドン塔が監獄として使われたもっとも大きな理由は、旧ロンドン市の東端のテムズ河畔《かはん》に位置するという、その立地のよさにあった。

有罪を言い渡された罪人は、小舟に乗せられ、ロンドンの街を横目に見ながら、テムズ川を護送され、トレイターズゲート（反逆者の門）と呼ばれる入り口から塔内に収監《しゅうかん》された。ロンドン市民はその光景を見物することができた。つまり、ロンドン塔は、国王の権力を誇示《こじ》するためには、絶好の場所にあったのだ。

こうして、ロンドン塔は、14世紀以降、処刑場として陰惨《いんさん》な歴史を歩むことになる。なかでも、ヘンリ8世は、数々の人物をロンドン塔に送り込んだ。法律家で思想家のトマス・モア、2番目の王妃アン・ブーリン、5番目の王妃キャサリン・ハワードなど、ヘンリ8世に処刑された王族・貴族は数多い。

とくに、姦通《かんつう》罪の濡《ぬ》れ衣《ぎぬ》で殺害されたアン・ブーリンは有名で、今でもロンドン塔には自らの首をもったアンの亡霊が出ると噂されている。

ロビン・フッドは本当にいたのか？

ロビン・フッドは、英国民にもっとも愛されているヒーローのひとりである。

12世紀ごろ、ノッティンガム州のシャーウッドの森に住んでいたロビン・フッドは、得意の弓を使って、貪欲《どんよく》な僧侶や貴族を襲い、略奪品を貧しい人々に配ったと伝えられる。やがて、ロビン・フッドは、伝説上の義賊として人気を集め、多くの文学や映画の主人公となったが、彼のモデルとなった人物はいたのだろうか？

現在までの研究では、ロビン・フッドの実在を確実に証明できる資料はみつかっていない。ただ、ロビン・フッドのモデルとみられる人物は複数いるので、それらの人物をめぐる伝承が合わさって、ロビン・フッドというキャラクターがつくられたと考えられている。

たとえば、ノルマン征服に抵抗したことで知られるヘリワード・ザ・ウェイクもそのひとり。ヘリワードは、ノルマン人に抵抗して所領を奪われたサクソン人で、その経歴は、陰謀により財産を奪われ、森にひそんで名誉回復を待ったロビン・フッドと重なるところが多い。

ただ、ロビン・フッドをめぐる伝承は、時代とともに変わってきたこともわかっている。当初の設定では、彼はノルマン人に抵抗するサクソン人の農民という設定だったが、その後、ノルマン人に所領を奪われた貴族であったなど、さまざまなヒーロー像に描かれてきた。

そんなロビン・フッドが登場する文学作品に、スコットランドの詩人で作家のウォルター・スコットが19世紀に書いた『アイヴァンホー』がある。その作品中のロビン・フッドは、国王リチャード1

世から王位を奪おうとする王の弟ジョンに反抗し、国王に忠誠を誓う愛国のヒーローとして描かれている。

なぜイギリスには憲法がないのか？

近代国家が成立すると、まず制定されるのが憲法である。フランス革命、アメリカの独立、日本の明治維新など、近代国家の成立と憲法の制定は、多少の時間差はあったにせよ、おおむねのところセットで行なわれてきた。

ところが、イギリスには成文憲法が存在しない。イギリスは憲法を制定しないままに、立憲君主制の実現を成し遂げてしまったのである。

その背景は、イギリスでは議会がじょじょに力をつけ、王権を弱めることに成功したからといえる。イギリス議会の歴史は、13世紀までさかのぼることができ、すでに14世紀には議会の同意なしには国王は課税できないなど、不十分ながら法によって王権が制限されていた。

その後、名誉革命の結果、新国王が「権利宣言」を承認し、議会の権限が確立される。イギリスの議会勢力や国民はそれで十分と考えたので、成文憲法を必要としなかったのである。

しかし、近年イギリスでも、行政府の独走をチェックするため、成文憲法が必要という声が上がるようになっている。2010年までイギリス首相をつとめたブラウン前首相も憲法制定を目指したが実現せず、現在にいたっている。

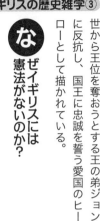

4

「ピューリタン革命」の勃発から「産業革命」まで——

立憲君主制の成立と大ブリテン王国の誕生

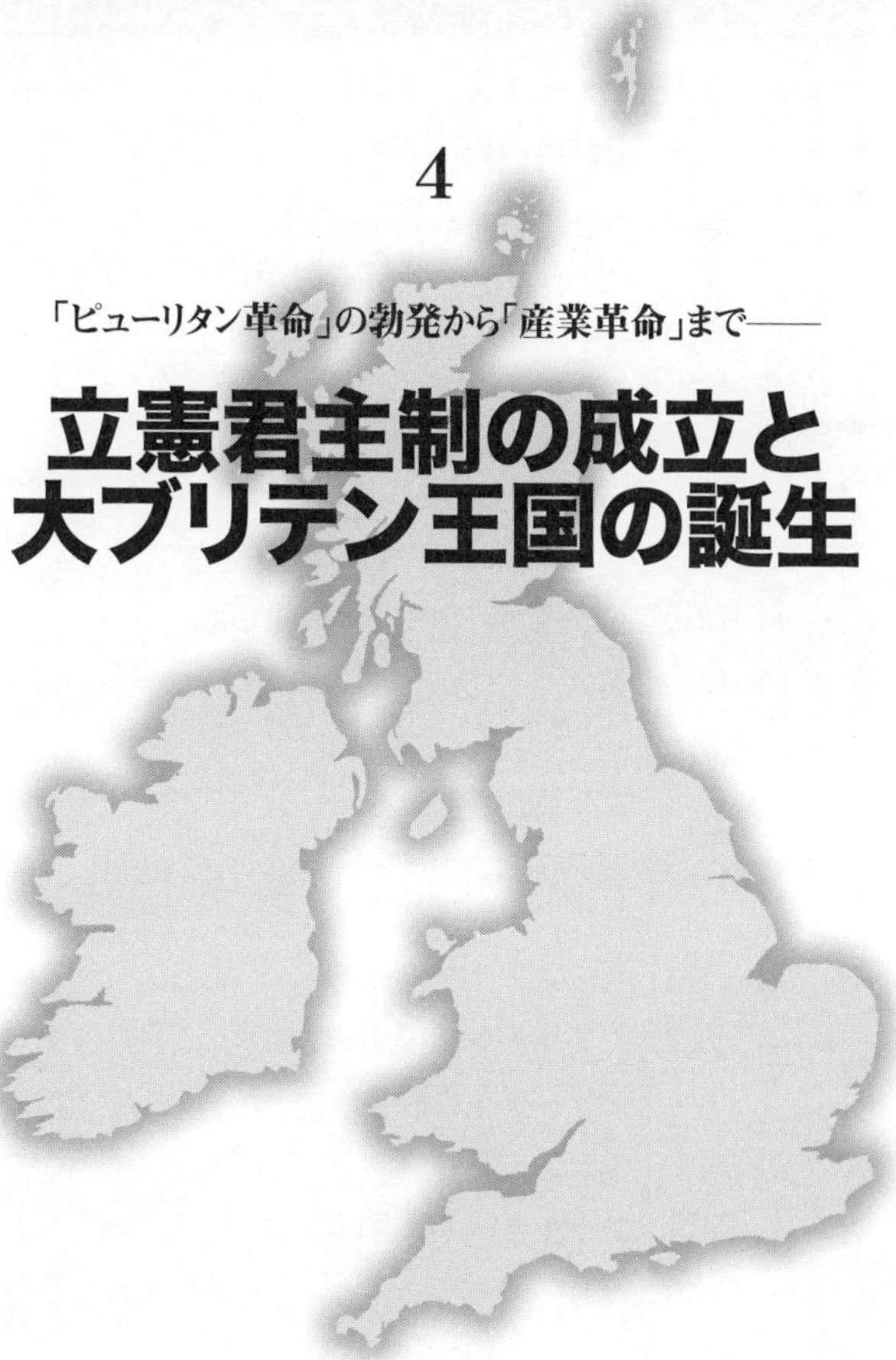

時代	年	イギリス	日本
スチュアート朝	1625	**チャールズ1世**即位	江戸時代
	1628	**権利の請願**	
	1639	スコットランドの反乱	
	1642	**ピューリタン(清教徒)革命**が起こる	
共和政	1649	チャールズ1世が処刑、**共和政が成立** クロムウェルの独裁政治(～58) クロムウェルのアイルランド侵略	
	1652	英蘭戦争(第一次)がはじまる(～54)	
	1653	クロムウェルが護国卿となる	
スチュアート朝	1660	**王政復古**、チャールズ2世即位	
	1666	ロンドン大火	
	1685	ジェームズ2世即位	
	1688	**名誉革命**が起こる	
	1689	ウィリアム3世・メアリ2世即位(**共同統治**) **権利の章典制定**	
	1694	イングランド銀行設立	
	1707	**大ブリテン王国の成立**	
ハノーヴァー朝	1714	**ジョージ1世**即位	
	1720	南海泡沫事件	
	1721	**ウォルポール内閣**の誕生	
	1764	ハーグリーヴズがジェニー紡績機を発明	
	1769	ワットが蒸気機関を改良	

ピューリタン革命

なぜ、チャールズ1世は処刑されたのか？

1625年、ジェームズ1世が死去すると、彼の子がチャールズ1世として即位する。チャールズ1世は、父と同様の政治・宗教路線をとったため、国内対立を激化させる。

まず、議会との対立関係である。チャールズ1世も父と同様に「王権神授説《しんじゅせつ》」を唱え、これに対して**議会は1628年、「権利の請願《せいがん》」を提出**する。「権利の請願」は、議会の同意なしの課税、法にもとづかない逮捕や投獄《とうごく》を認めないというものだ。王は「権利の請願」を無視するかのように、以後、11年間議会を招集しなかった。

対立のもうひとつの原因は、もちろん宗教問題である。当時、ヨーロッパ大陸は三十年戦争の最中で、カトリックと新教側が血みどろの戦いを繰り広げていた。

それはブリテン島の宗教情勢にも影響を与え、イングランドとスコットランドでは、新教のひとつカルヴァン派の影響を受けたピューリタン（清教徒）が勢力を増し、イギリス国教会の改革を唱えていた。

一方、チャールズ1世は、フランスからアンリエッタ・マリアを王妃に迎えたが、彼女は熱心なカトリックだった。くわえて、チャールズ1世が反ピューリタン派のカンタベリ大司教ロードを重用《ちょうよう》したので、**ピューリタンの間には王室への反感、憎しみが育っていた。**

政治面でも宗教面でも対立が深まるなか、事態は内乱へと向かっていく。その火の手は、まずスコットランドで上がった。スコットランドは、スチュアート朝のチャールズ1世にとって父祖の地なのだが、カンタベリ大司教ロードはその地でもピューリタンを弾圧した。その弾圧がピューリタンの反乱を呼ぶ。

チャールズ1世は、その反乱に対処するため、軍備費を捻出《ねんしゅつ》しなければならなくなる。そこで、しぶしぶ議会を招集するが、議会は国王の要求をはねつけた。

その議会勢力も、やがてふたつに割れる。王の失政を非難する「大抗議書」が議会に提出されたさい、それに賛成するグループと反対する勢力に分かれたのだ。それをきっかけに、議会は、**イギリス国教会を支持する王党派**と、**ピューリタンを中心とする議会派**に色分けされた。議会派はロンドン市内を固め、ロンドンを失ったチャールズ1世は北部のヨークを根拠地とした。

ついに戦闘がはじまると、当初はチャールズ1世の国王軍、王党派軍が優勢だったが、ピューリタンの中の過激派、**オリヴァ・クロムウェル**の台頭がすべてを変える。クロムウェルは軍制を改革、1645年、ネーズビーの戦いで国王軍を破り、翌1646年、チャールズ1世を投降に追いこむ。

そうして、**ピューリタン勢力（独立派）が権力を奪取し、ピューリタン革命がはじまる**ことになる。チャールズ1世に待っていたのは、死刑の宣告だった。議会では、王の処遇をめぐっても、穏健な長老派と過激な独立派が対立したのだが、独立派が暴力によって長老派を追放してしまう。

死刑の議決を受けて、チャールズ1世は臆《おく》することなく、すずやかな顔で処刑台に立ったと伝えられる。一部の急進派が悪罵《あくば》を投げつけるなか、一般市民の大半は王に対して同情的であり、チャールズ1世の評判は死後に高まることになる。それが、のちのスチュアート朝復権につながっていく。

クロムウェル――どのようにして独裁者になったか？

ピューリタン勢力がチャールズ1世の王権を打ち倒すことができたのは、オリヴァ・クロムウェルの軍事的才能によるところが大きい。クロムウェルの台頭までは、国王軍が議会軍を押していた。国王軍が戦争のプロであったのに対して、議会軍は民兵や傭兵が主体で、軍事訓練のレベルに差があったからだ。

そこで、クロムウェルは軍隊を鍛《きた》え上げる。兵たちに、神の大義のために戦う覚悟と勇気を求め、厳しい軍規を課したのだ。彼ら精鋭は「鉄騎兵」と呼ばれ、クロムウェル率いる議会軍は鉄騎兵を中心とすることで、国王軍を撃破していったのである。

戦いに勝利したクロムウェルは、軍の力をバックに独裁者と化していく。まずは、前項で述べたように、議会内の穏健勢力・長老派を軍によって排除、残った小ブルジョアを中心とする平等派もロンドン塔に監禁した。

さらに、60人ほど残っていた議会を解体し、指名議会を開催する。指名議会では、軍隊と教会の推薦《すいせん》による議員が選出され、選挙は否定された。

しかし、クロムウェルは、さらに独裁的な権力を求めて、その指名議会さえも解散させる。そのあと、彼が手にした地位は、終身の**「護国卿《ごこくきょう》」**だった。クロムウェルはその独裁的な権力を軍の力によって保とうとしていた。

軍以外には支持者の乏しかったクロムウェルだったが、保守穏健派から「国王」になるよう勧められる。保守派にすれば、君主制こそイングランドに合った政体であり、独裁者クロムウェルを国王にしてしまえば、国民も納得するだろうと考えたのだ。

クロムウェル自身は、国王の座に色気を示すが、彼の権力基盤である軍が反対した。これにより、クロムウェルは国王になることはできず、1658年、混乱を収拾できないまま死去した。

アイルランド侵攻――なぜ、クロムウェルは非道なまでの侵略を行なったのか？

クロムウェルの独裁はイングランドを混乱させたが、彼は隣のアイルランドにも、大災厄《さいやく》をもたらした。クロムウェルは内乱のさなか、アイルランドに軍勢を送り込んだのだ。

それまでも、イングランドはしばしばアイルランドに侵攻し、エリザベス1世の時代にはかなりの規模の植民も行なっていた。クロムウェルによる侵攻は、そんな過去の侵攻が子どもだましに思えるような、徹底的な侵略だった。

クロムウェルがアイルランドを侵攻した理由は、ひとつには**アイルランドで国王派とカトリック教徒が同盟を結び、反クロムウェルの根拠地ができつつあった**ことである。また、ピューリタンのクロムウェルには、そもそもアイルランドがカトリ

ピューリタン革命の党派

王党派		議会派
ヨーク	拠点	ロンドン
絶対王政 イギリス国教会支持	主張	議会を支持 国王に対抗

ピューリタン革命

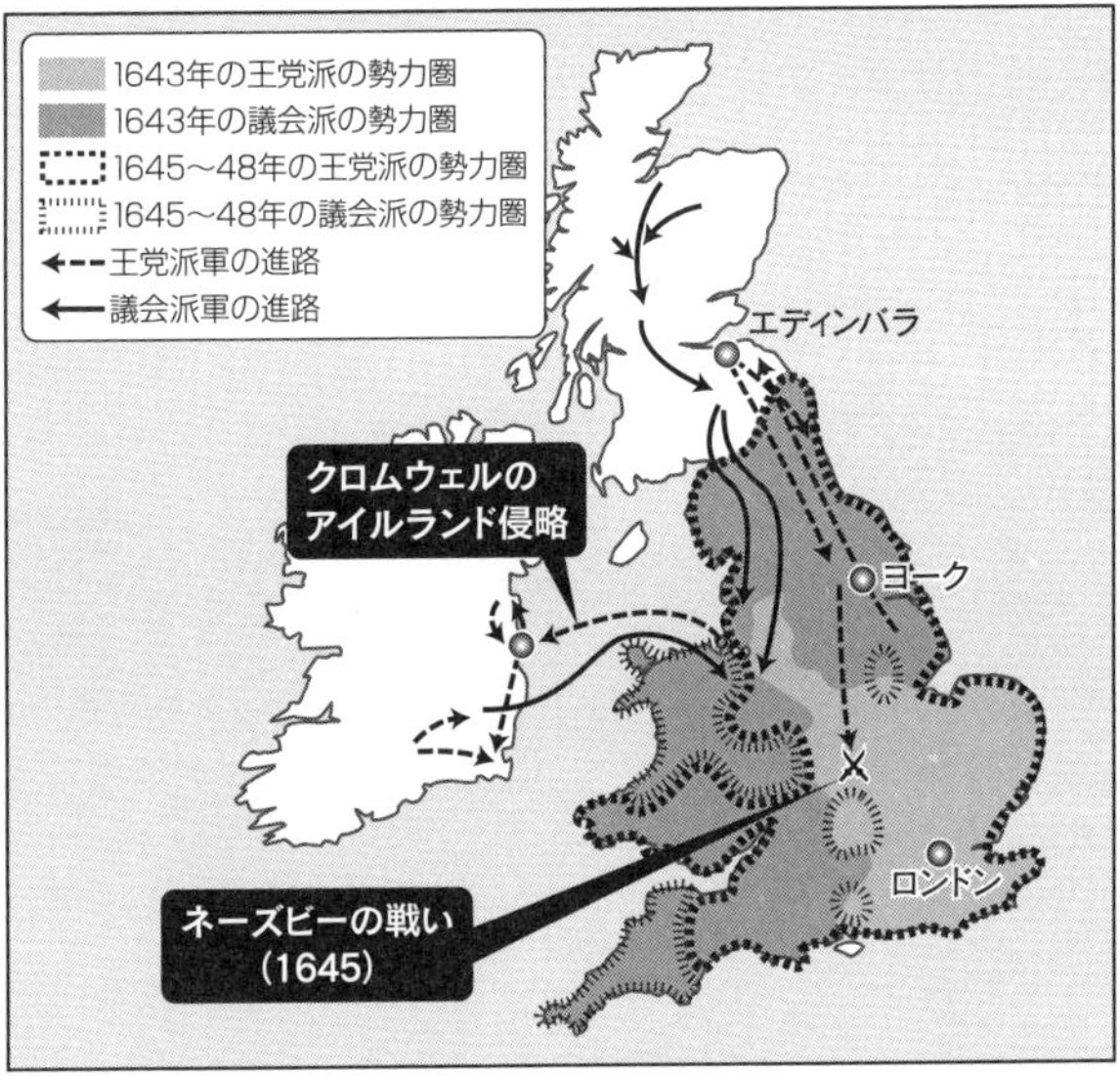

ック国であること自体が許せなかった。

さらに、**クロムウェルは、アイルランドを徹底的に搾取《さくしゅ》して、革命政権の財源を調達しようと考えた。**すでに、財源不足から軍人・兵への給与の未払いが起きていたため、クロムウェルはアイルランドから徹底的に収奪しようともくろんだのだ。クロムウェルは、アイルランド侵攻にあたって、ひとつの噂を利用した。「アイルランドでプロテスタントが虐殺されている」という噂を広め、兵士を煽《あお》ったのだ。

1649年、クロムウエルは自ら軍を率いてアイルランドに上陸、王党派を根絶やしにしていく。一部では、カトリック住民の無差別虐殺も行なわれた。

1652年、クロムウェルはアイルランド植民法を制定、アイルランドの土地収奪にかかる。これにより、アイルランドの全耕作地の3分の2が、イングランド人の手に渡る。大きな利益を得たのは、クロムウェルを支援していたロンドンの投機家や商人たちだった。

チャールズ2世——なぜ、王政復古が行なわれたのか?

ピューリタン革命によって、国王のいない政治体制を選んだイングランドだが、それは混乱を拡大するばかりだった。ピューリタン革命の立役者クロムウェルが没すると、その子のリチャード・クロムウェルが護国卿に就任するが、権力を掌握《しょうあく》しきれず、軍によって辞任に追いこまれてしまう。

政治的な混乱への嫌気から、やがて王室再興論がわき上がってくる。議会軍の司令官ジョージ・マンクはその流れを読んで、ロンドンに入城、クロムウェルによって追放されていた長老派を議会に復帰させた。

そのうえで、オランダに亡命していたチャールズ1世の子チャールズをイングランドに呼び戻したのだ。**1660年、チャールズはチャールズ2世として即位、後期スチュアート朝がスタートした。**

チャールズ2世の即位によって、王政復古となったわけだが、もはや君主が絶対的権力をふるう時代ではなくなっていた。宗教に関しても、王が特定の宗教を国民に押しつけることはできなくなっていた。実際、チャールズ2世は、即位を前にして、宗教的寛容を認める「ブレダの宣言」を発した。

しかも、チャールズ2世は、政治に熱心な王ではなかった。それよりも、愛人たちとの生活に忙しく、彼は王妃との間に嫡子《ちゃくし》をつくらなかったものの、愛人との間に14人の庶子《しょし》をつくった。

この愚かな王の在任中から、王位継承問題が持ち上がる。まず、旧教派が後継に推したのは、チャールズ2世の弟で旧教派のヨーク公ジェームズで、彼を支持する勢力は宮廷派と呼ばれた。一方、プロテスタントはチャールズの庶子でプロテスタントのモンマス公を望んだ。

こうして、ジェームズを擁立《ようりつ》する宮廷派とモンマス公を推す勢力に分かれ、両者は罵声《ばせい》を投げつけ合った。宮廷派はスコットランドの狂信者を意味する**「トーリー」**と罵《ののし》られ、プロテスタント側はアイルランドの野盗《やとう》を意味する**「ホイッグ」**と蔑《さげす》まれた。

やがて、トーリーはイギリス国教会と王権を尊重し、保守党の前身となっていく。一方、ホイッグは議会を重視し、のちの自由党の源流となる。

名誉革命——なぜ、血を流さずに革命が成功したのか？

1685年、チャールズ2世が死去すると、弟のヨーク公がジェームズ2世として即位した。すると、ホイッグ（プロテスタント）の支持を得ていたモンマス公が反乱を起こすが、すぐに鎮圧され、処刑された。ジェームズ2世は、モンマス公の協力者を次々と捕らえ、150人を絞首刑に処し、数百人を西インド諸島に流した。この粛清《しゅくせい》劇は「血の巡回裁判」と呼ばれる。

さらに、ジェームズ2世はイングランドのカトリック化を進めようとし、反対する議会を解散させる。とともに、王は常備軍を拡充《かくじゅう》し、カトリック信者を兵士に採用した。

ジェームズ2世の強引な政策の後ろ楯になっていたのは、フランスのルイ14世である。ルイ14世は、熱心なカトリック信者であり、自国だけでなく、周辺国のカトリック化も狙っていたのだ。

むろん、プロテスタントを中心に、国民の間に反ジェームズ2世感情が高まっていく。それに拍車をかけたのが、嫡子が誕生したことである。ジェームズ2世の教育を受ければ、嫡子も熱心なカトリック王となるに違いない。ここにきて、**ホイッグとトーリーが手を結び、打倒ジェームズ2世を画策する。**

トーリーはもともと王権派であるが、議会を解散させられたこともあって、ジェームズ2世に見切りをつけたのだ。後世、「名誉革命」と呼ばれるクーデターがはじまったのである。

ホイッグとトーリーがジェームズ2世打倒の旗印《はたじるし》に選んだのは、オランダ総督のオラニエ公ウィレム（英名オレンジ公ウィリアム）である。オラニエ公ウィレムは、チャールズ1世の娘メアリを母にもち、ジェームズ2世の長女メアリを妻とし、イングランド王となる資格があった。

1688年、ウィレム率いる軍勢1万2000名がイングランド南西部に上陸。圧倒的な歓呼《かんこ》の声で迎えられると、ジェームズ2世はフランスへと逃亡した。

ウィレムの即位の前に、議会は法と自由の保全を記した**「権利の宣言」**を作成。その宣言を受け入れることが、即位の条件となった。ウィレムはこれに署名し、「権利の宣言」をもとにして生まれたのが**「権利の章典《しょうてん》」**である。「権利の章典」は後世の立憲君主制の原典となった。

ウィレムはウィリアム3世、その妻はメアリ2世として即位、ふたりはイングランドを共同統治することになった。

以上が名誉革命のあらましだが、名誉革命の名がついたのは、流血を伴わなかったからである。名誉革命が無血で行なわれたのは、ジェームズ2世が自らの立場を悟り、戦わずして逃げ出したからだ。常備軍が早々に離反したこともあって、ジェームズ2世がさっさと抵抗をあきらめ、ルイ14世を頼ってフランスに亡命したため、流血の事態を避けられたのである。

ウィリアム3世とメアリ2世──共同統治という異例の政体が生まれた理由

ウィリアム3世は、述べてきたようにオランダ生まれの王であり、それまでイングランドに住んだことはなかった。いかにジェームズ2世の娘メアリ（メアリ2世）と結婚していたとはいえ、イングランドとは縁が薄い。イングランドがそんな人物を迎え入れたのは、その宗教的スタンスと軍才を買ってのことである。

ウィリアム3世は宗教的に寛容であることにくわえて、ルイ14世のフランスと互角に戦ってきていた。彼はその時代屈指《くっし》の武勇に優れた君主であり、彼が指揮すればジェームズ2世の常備軍と対抗できると期待されたのだ。

イングランドの議会勢力から声がかかると、ウィリアム3世はその誘いに乗った。オランダ総督の彼にすれば、イングランドは3次にわたって戦争を仕掛けてきた敵ではあるが、自分が権力を掌握するのであれば話は別である。彼は、イングランド・オランダの同君連合によって、ルイ14世のフランスに対抗しようとしたのだ。

また、近年の研究で、名誉革命を仕掛けたのは、じつはウィリアム3世側だったという見方も出てきている。彼は、ルイ14世をパトロンとするジェームズ2世を追い出し、イングランドをオランダ側に取り込もうとした。そこで頼まれもしないのに、強引にイングランドに上陸、議会がとまどうなか、王位についたとも言われはじめている。

真相はいずれにせよ、イングランド側は当初、彼を王として迎えるつもりはなかったようである。王位継承権の第1位は彼の妻メアリ（メアリ2世）であり、彼は第3位にすぎなかった。そこで、イングランド側はメアリを女王とし、ウィリアムには摂政の座を与えるつもりだったが、ウィリアムは納得しなかった。**ウィリアムの狙いは、オランダとイングランドの同君連合であり、そうしなければフランスと対抗できないとみていたのである。**

そこで、ウィリアムはいったんオランダに帰国するふりをして、イングランド側や妻メアリらに引きとめさせる。そこから、共同統治という異例の政体が生まれることになった。

その後、ウィリアム3世は積極的に大陸の戦争に参加する。大陸の戦争の焦点はオランダであり、オランダを狙うフランス王ルイ14世との戦いにイングランドも加わることになった。その意味では、ウィリアム3世の狙いどおりになったといえる。

一方、フランスに亡命したジェームズ2世はルイ14世に助けられ、フランス軍を率いてアイルランドに上陸した。ウィリアム3世はただちに反撃、**ボイン川の戦いでフランス・アイルランド連合軍を破る。**以後、アイルランドのカトリックはますます弾圧され、イングランドによるアイルランド収奪はさらに苛酷《かこく》なものとなった。

ウィリアム3世は、オランダ出身ということで不人気な国王ではあったが、彼の治世は安定したものだった。経済面では、大陸での戦費調達のため、財政制度や国債制度が設けられ、国債を引き受けるイングランド銀行が設立されている。

また、王位継承をめぐる紛糾を避けるため、新たな王位継承制度が確立した。それにより、**イングランド王位はスチュアート王家の血をひくプロテスタントに限られることに決まった。**

対オランダ戦争――なぜ、イングランドはオランダにケンカを売ったのか?

エリザベス1世の治世から名誉革命にいたる17世紀は、イングランドが海に向かった時代でもある。スペインとポルトガルに追随したイングランドにとって、大きなライバルとなったのが、新興国オランダである。

イングランドとオランダの外洋進出はほぼ同時期、隣国であることもあって、長く鍔《つば》迫《ぜ》り合いを演じることになった。競争にあって、当初優位に立ったのはオランダである。

オランダは、まず東南アジアからポルトガルを追い出していく。戦国時代から江戸時代初期の日本で、16世紀はポルトガル人、17世紀はオランダ人が交易の主役になるのも、その覇者交代の一コマである。

遅れて、イングランドも東南アジアに進出し、1623年には**アンボイナ事件**が起きる。モルッカ諸島のひとつアンボイナ島で、オランダ人がイングランド人を虐殺、追放した事件だ。

この事件によってイングランドは東南アジア交易から締め出されてしまう。この後、イングランドは日本を含めた東アジアとの交易をいったんあきらめ、インドに向かうことになる。

それでも、イングランドにとって、オランダは打ち倒さなければならない相手だった。そこで、クロムウェル独裁時代の1651年、イングランドは**航海法を施行**する。イングランドに商品を輸送できるのはイングランド船か原産地の船に限るとした法律だ。要するに、**オランダ船による中継貿易の締め出しを狙った法律**であり、両国の関係は緊張を高めていく。

翌1652年、イングランド船がオランダ船を攻撃、英蘭戦争に発展した。以後、17世紀の英蘭戦争は三次にわたり、一次、二次の戦争ではオランダが優位に立つが、結局、両者痛み分けのような結果で終わっている。

そのうち、第三次の英蘭戦争は、フランス軍のオランダ侵攻に乗じたものだった。オランダはフランスとイングランドの両方を同時に敵に回して危機に陥るが、そこで立ち上がったのがオラニエ公ウィレムだった。

オランダ総督となった彼のもと、オランダは踏ん張り、イングランド艦隊を撃退し、危機を脱した。皮肉なことに、そのイングランドと戦ったウィレムが、名誉革命によってイングランド王に迎え入れられることになる。

というように、17世紀の英蘭戦争では、イングランドはオランダの交易覇権を奪うことはできなかった。交易大国・大英帝国を形成するには、まだ時間を必要としていた。

大ブリテン王国の成立――イングランドとスコットランドが統一された背景

ウィリアム3世・メアリ2世の共同統治時代、先に死去したのはメアリ2世だった。つづいて1702年、ウィリアム3世が世を去ると、メアリ2世の妹がアン女王として即位する。

このアン女王の時代に、いまにつながる「イギリス」が生まれる。それまでブリテン島にはイングランドとスコットランドの2国があり、長く対立、あるいは両立してきたが、1707年、合同してひとつの国となったのである。

イングランドは、すでにウェールズを併合していたので、これで**イングランド、スコットランド、ウェールズが一体となったグレート・ブリテン王国（大ブリテン王国）が誕生**した。それを日本ではイギリスと呼んでいる。以下、本書でも、若干《じやっかん》はイングランド時代のことに触れるが、イギリスという呼称で統一する。

ここまで本書を読んでいただいた方は、イギリスの成立がブリテン島の必然的な歴史的帰結だったことにお気づきだろう。イギリスが成立する約1世紀前、イングランドはスチュアート朝を創始するにあたって、すでにスコットランド王をイングランド王として迎えていた。以来、イングランドとスコットランドは同君連合となっていたので、両国間には統一への気運がしぜんに芽生《めば》えていたのである。

さらにさかのぼれば、イングランドの源流、ノルマン王朝、それにつづくプランタジネット朝は、フランスとイングランドにまたがる王国だった。しかし、イングランドは百年戦争でフランスの領地を失ったため、その目は自然とブリテン島内に向くようになっていた。イングランドは、同じ島内のスコットランドとの関係を重視するようになったのである。

一方、スコットランド側にも、17世紀後半にはイングランドとの合同やむなしという空気が生まれていた。エリザベス1世の時代以降、イングランドが急速に国力を増したことで、スコットランドは、すでに国力でイングランドに大差をつけられていた。スコットランドにとって、イングランドの豊かさは魅力的だったのだ。

また、スコットランドは、伝統的な外交策としてフランスを頼みとして、イングランドを牽制《けんせい》してきたのだが、そのフランスがスペイン継承戦争で、イングランドのマールバラ公ジョン・チャーチル率いる軍勢にブレンハイムの戦いで完敗する。この敗戦が、スコットランドがフランスを見限り、イングランドを選択する大きな理由になった。

ハノーヴァー朝——ジョージ1世の時代に、立憲君主制が確立

いまのイギリスが誕生したのはアン女王の時代だが、彼女には嫡子がいなかった。

18人といわれる彼女の子はすべて流産か早世していたため、1714年、アン女王の死去によってスチュアート王朝はとだえた。

代わって、イギリス王として迎え入れられたのは、**ドイツのハノーヴァー選帝侯ゲオルク・ルートヴィヒ**だ。選帝侯とは、ドイツ国王（神聖ローマ皇帝）選出権をもつ諸侯のことである。彼が**ジョージ1世**として即位、ハノーヴァー朝を開く。

ゲオルクは、ウィリアム3世の決めた王位継承制度に則《のっと》って選ばれた。つまり、彼はスチュアート朝の血をひくプロテスタントであったのだ。彼の祖母はスチュアート朝のジェームズ1世の長女であり、ほかにもスチュアート朝の血をひく者はいたのだが、彼のみがプロテスタントだったのである。

ジョージ1世は、即位したとき、すでに54歳だった。しかも、ドイツの選帝侯であり、英語を話せないうえ、イギリスの事情もほとんど知らなかった。そもそも、イギリス王の座に魅力を感じず、いやいや海を渡ってきた人物である。ジョージ1世が関心をもっていたのは軍事くらいで、政治にはまったく興味がなかった。そのため、政治はまったくの議会まかせとなる。

しかし、怪我の功名というべきか、この奇妙な王の登場によって、イギリスの議会政治は大きく発展することになるのだ。

イギリス議会政治の誕生まで

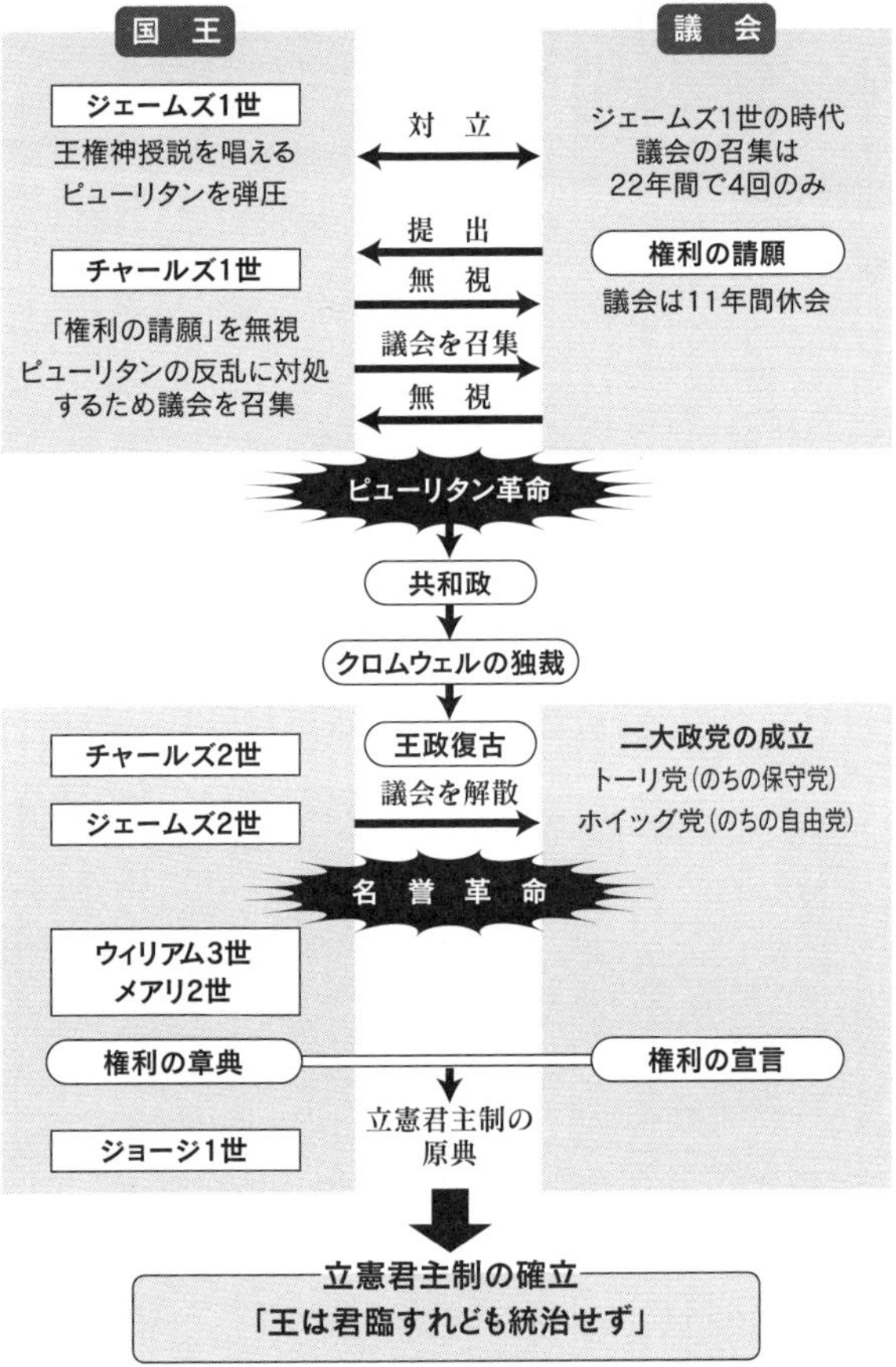
国 王
議 会
ジェームズ1世
王権神授説を唱える
ピューリタンを弾圧
対 立
ジェームズ1世の時代
議会の召集は
22年間で4回のみ
提 出
権利の請願
チャールズ1世
無 視
議会は11年間休会
「権利の請願」を無視
ピューリタンの反乱に対処
するため議会を召集
議会を召集
無 視
ピューリタン革命
共和政
クロムウェルの独裁
王政復古
チャールズ2世
二大政党の成立
トーリ党（のちの保守党）
ホイッグ党（のちの自由党）
議会を解散
ジェームズ2世
名 誉 革 命
ウィリアム3世
メアリ2世
権利の章典
権利の宣言
立憲君主制の
原典
ジョージ1世
立憲君主制の確立
「王は君臨すれども統治せず」

ジョージ1世が死去すると、彼の子がジョージ2世として即位する。ジョージ1世が妻ゾフィア・ドロテアを死ぬまで幽閉していたため、その子・ジョージ2世は父に反感を抱き、ふたりはケンカばかりしていた。

ところが、子も父によく似ていて、軍事とヘンデルの音楽には興味があっても、政治にはさっぱり関心がなかった。この王の時代にも、政治は議会にまかせっぱなしになり、イギリスの議会政治はさらに発展、**「王は君臨すれども統治せず」というイギリスの立憲君主制の原則が確立**されていく。

こうして、立憲君主制実現に寄与した形のジョージ1世、ジョージ2世だが、むろん国民には不人気だった。彼らは事実上外国人であったうえ、イギリス流のマナーを心得ていなかったので野暮《やぼ》ったく、スマート、洗練といった形容詞にはほど遠いふたりだった。逆にいえば、そのころイギリス人は富をたくわえ、のちのイギリス文化に向けて、（ドイツの貴族よりは）洗練されはじめていたのである。

メイフラワー号——北米植民地をどのように開拓したか？

１４９２年、コロンブスが新大陸に到達して以来、ヨーロッパから新大陸への移住がはじまった。当初は、世界帝国スペインのほぼ独占状態にあったが、イギリスも新大陸に食いこんでいく。

17世紀初頭、エリザベス1世の時代に、イギリスは新大陸に初めて植民地を獲得した。その植民地名バージニアは、エリザベス1世の愛称「処女王（ヴァージン・クィーン）」にちなんでいる。

新大陸への移民は、スチュアート朝の時代に増えていく。そこには、宗教問題がからんでいた。スチュアート朝の王はカトリック色が強く、ピューリタン（清教徒）にとっては国内では暮らしにくい時期が長かった。そこで、プロテスタントの国オランダに移住する者もいれば、新大陸の植民に懸ける者も現れた。

なかでも有名なのは、**ピルグリム・ファーザーズと呼ばれるピューリタン**たちである。1620年、彼らはメイフラワー号に乗って、イギリスのプリマス港から新大陸に渡った。彼らの築いた植民地は、出航した港名にちなんで、プリマスと名づけられた。

宗教の自由を求めて移住したメイフラワー号のピューリタンたちの物語は、美談として語られてきた。彼らがメイフラワー号の中で取り交わした誓約書が、アメリカ憲法の基礎となったとも伝えられてきた。

しかし、現実には、北米大陸に上陸したピューリタンは、かなり暴力的な行為を働いた者もいた。たとえば、彼らに便宜《べんぎ》を図ってくれた先住民に対して恩を仇《あだ》で返し、先住民の長をだまし討ちにして、その首をさらした者もいた。宗教対立の中から移住した彼らは、不寛容な精神を新大陸に持ち込み、暴力やだまし討ちも辞さずに自分たちの土地を拡大していった。

その後も、**ピューリタンをはじめとする移住者は、先住民の土地を奪いとりながら、植民地を広げていく。**

ウォルポール――世界初の〝首相〟は、どんな人物だったか？

〝外国人〟の王がつづいたおかげで、イギリスが議会制民主主義を整えていったハノーヴァー朝の時代、政界の主役となったのはロバート・ウォルポールである。**ウォルポールは、世界初の首相の座についた政治家**といっていい。

ウォルポールは大地主の息子として生まれ、やがてホイッグ党に入党し、同党で重要な地位を占めるようになる。しかし、収賄《しゅうわい》疑惑をかけられ、一時はロンドン塔に投獄された経験を持つ。

ウォルポールが政界の第一人者の座に就く目が出てきたのは、アン女王が没し、代わってジョージ1世が即位してからのことだ。当時、イギリスには、外国人を即位させるのではなく、ジェームズ2世の息子の即位を望む一派がいた。

その一派はトーリー党に多かったので、王座に就いたジョージ1世はトーリー党を好まず、ホイッグ党に政権をゆだねた。それで、ウォルポールも復権できたのである。ウォルポールはジョージ1世の愛人に賄賂を贈りつづけ、自らの政治的地位を確保した。

ウォルポールがホイッグ党の最大実力者になるのは、1720年の**「南海泡沫事件《なんかいほうまつじけん》（サウスシー・バブル）」**を収拾してからのことである。

南海泡沫事件は、バブル経済とその破綻の先駆《せんく》的事件といえる。南海会社は中南米と取引を行なう会社だったが、その株式（すでに株式会社があった）が投機ブームによって異様に高騰した。やがて、バブルは崩壊し、株価が急低下、イギリス経済はパニックに陥った。

そのさい、ウォルポールは手腕を発揮し、南海会社の株式をイングランド銀行と東インド会社に引き取らせて、事態を収拾した。その過程で、ウォルポールは第一大蔵卿に就任しているが、その第一大蔵卿こそがいまの首相の地位に当たる。

以後、ウォルポールは20年以上の長きにわたって第一大蔵卿の座にありつづけた。ジョージ1世亡きあと、ジョージ2世も彼を信任した。彼が国を治めた時代は戦争があまりなかったこともあり、**「ウォルポールの平和」**とも呼ばれる。

このウォルポールの時代に、責任内閣制度ができ上がってくる。つまり、有力者が内閣をつくり、内閣は議会に対して責任を負うというシステムだ。

ただ、長期政権に腐敗がつきものであるように、ウォルポールの政権も腐敗とは無縁でなかった。彼は、政治的勝利のためにはなりふりかまわず、選挙では買収も辞さなかった。

ウォルポールは、マスコミの批判の対象となった政治家としても、ほぼ第1号といえ、**「プライム・ミニスター」**という悪罵《あくば》を投げつけられた。もともと「プライム・ミニスター」は「独裁者」という意味の悪口だったが、使われるうちに第一大蔵卿を表す言葉になり、いつしか現在のように「首相」の意味で用いられるようになったのだ。

なお、ウォルポールは政権を握りつづける間に、巨万の富を築き、多数の絵画を収集した。そのコレクションはやがてロシアに売られ、現在、エルミタージュ美術館の主要収蔵品となっている。

イギリスの膨張

どのようにして、世界的な帝国へとのし上がったのか?

名誉革命によってウィリアム3世が即位したころから、イギリスは世界的に〝膨張〟しはじめる。目の上のたんこぶ的な存在だったフランスを叩くことによって、世界各地に領域を拡大したのである。

当時のフランス国王は、「太陽王」と呼ばれたルイ14世である。ルイ14世のフランスは大陸の覇者であり、王はヨーロッパ各地のもめごとに首を突っ込みつづけた。そして、イギリスはフランスとの戦いがあるたびに、勝利を収め、フランスの領地を奪いつづけたのである。

まずは、名誉革命の年、1688年にはじまる**ファルツ継承戦争**である。ルイ14世がファルツ選帝侯の相続問題を理由に出兵すると、イギリスは、スペイン、ドイツ諸侯らとアウグスブルク同盟を結成して対抗した。実戦では、歴戦の勇者ウィリアム3世が直々に兵を率いてフランス軍と戦った。

つづいて、アン女王の時代には**スペイン継承戦争**が起きる。ルイ14世が孫のフェリペ5世をスペイン王位につけると、イギリス、オランダ、オーストリアが反発して戦争がはじまった。イギリス軍は、ブレンハイムの戦いで快勝するなど、この戦いも優勢に終わらせた。

新大陸でも、イギリスはフランス相手に戦う。「アン女王戦争」と呼ばれるこの戦いでも、イギリス軍が優位に立つ。

1713年の**ユトレヒト条約**では、イギリスは新大陸のニューファンドランド、ノヴァ・スコシア、ハドソン湾地方をフランスから獲得する。さらにスペインからは、地中海と大西洋を結ぶ要衝ジブラルタルとミノルカを得た。

イギリスが新大陸におけるフランス勢力を駆逐《くちく》するのは、1756年にはじまった**七年戦争**によってである。七年戦争の主舞台となったのは、ヨーロッパ大陸だが、戦線は新大陸にも飛び火し、新大陸での戦いは**フレンチ・インディアン戦争**と呼ばれる。

この戦いでも、イギリスはフランス勢力を破り、パリ条約によってイギリスはフランスからルイジアナ、カナダなどを奪いとった。

また、この戦いで、インドにおけるフランスとの勢力争いにも決着をつけ、以後、イギリスはインド経営を急ピッチで進めることになった。この戦いの勝利によって、イギリスは世界的な帝国にのし上がったといっていい。

イギリスが何度もフランスに勝利できた理由のひとつには、その財政システムがあった。イギリスには、すでにイングランド銀行があり、同行は国債の引き受けを行なっていた。また、ロンドンのシティでは国債の取引が行なわれ、その国債には議会の保証がついていた。

つまり、イギリスは、軍事費を調達するさい、国債という紙切れで簡単に資金を調達できるような金融システムをすでに築いていたのである。

戦いに勝利しつづけるうち、英国債の信用は高まりつづけ、当時、金融の中心地だったアムステルダム（オランダ）からも資金が入り、その資金がフランスを叩く力の源泉となったのである。

奴隷貿易——イギリスに膨大な富をもたらした仕組みとは

18世紀、イギリスは、前項で述べたように、フランスから大量の領地を奪ったが、同世紀はオランダから海上交易の権益を奪いとった時代でもあった。

イギリスが浮上した理由のひとつは、アジア貿易の目玉商品が変わったことにあった。スペインやポルトガルの時代、アジア貿易の目玉商品といえば、東南アジア産の香辛料だった。それが、インド産の綿製品に変わったのである。その主力商品の変化は、インドに地盤を築きつつあったイギリスにとって大きな追い風となった。

さらに、イギリスは奴隷貿易によっても巨利を上げる。

その発端は、17世紀後半、イギリスで砂糖の需要が急伸したことである。新大陸からコーヒーが持ち込まれ、ロンドンをはじめとする都市にコーヒーハウスが立ち並ぶようになって、砂糖の消費量が拡大する。すると、イギリスは、カリブ海のバミューダ諸島やジャマイカ島を占領、砂糖のプランテーションを経営するようになった。

製糖業は大きな利益を生み出したが、問題は労働力の確保だった。砂糖のプランテーション経営には大量の労働力が必要だったので、そこでイギリスはアフリカの黒人奴隷に目をつける。アフリカの黒人を奴隷として貿易の商品にすることは、16世紀前半からはじまっていたが、**17世紀、イギリスはその奴隷貿易に参入した**のだ。

イギリスの奴隷貿易商人は、この貿易で巨利を得る。アフリカの西海岸で黒人奴隷ひとりを2～3ポンドで買い、新大陸では25～30ポンドで売り払ったのである。

イギリスが奴隷貿易の主役になるのは、スペイン王位継承戦争に勝利し、1713年にユトレヒト条約を結んでからのことだ。ユトレヒト条約によって、イギリス

三角貿易の仕組み

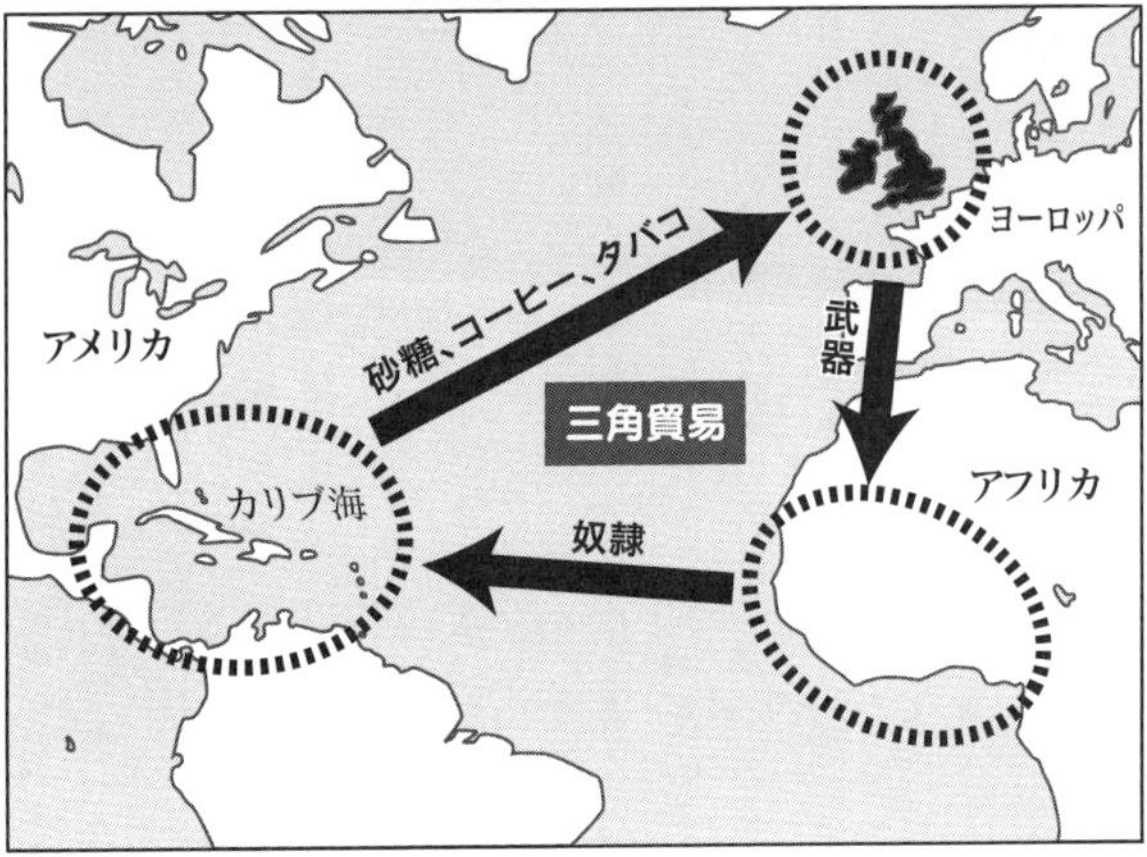

は、スペインの植民地における独占的な奴隷貿易権を得たのである。

これで、イギリスは、**奴隷貿易と砂糖貿易を中心とする三角貿易**を生み出したのだった。

まず、イギリス産の武器をアフリカ西海岸の奴隷狩りをする部族に売り、彼らから黒人を買いとる。

その黒人をカリブ海の砂糖プランテーションに売り、プランテーションから得た砂糖をヨーロッパでさばくという貿易システムだ。

この三角貿易によってイギリスは大西洋における交易の覇者となり、18世紀後半、産業革命を起こせるほどの富を蓄積していったのである。

産業革命

なぜ、18世紀後半のイギリスからはじまったのか？

18世紀、イギリスは数々の戦いに勝利して、世界的に領地と権益を拡大したわけだが、最終的に世界帝国を実現できた理由は、世界でいち早く産業革命を成し遂げたことによる。

18世紀前半、すでにその萌《きざ》しは芽生えていた。**火力機関**や**コークス製鉄法**が開発され、1733年には**ジョン・ケイ**が開発した装置によって**織布生産の機械化**が進んだ。18世紀後半、産業革命は一気に本格化する。1764年、**ハーグリーヴズ**が**ジェニー紡績機**を発明、1769年には**アークライト**が**水力紡績機**を発明した。同年、**ジェームズ・ワット**が**蒸気機関**を改良する。

こうして、イギリスは紡績業を中心とする工業の生産性で他国を圧倒し、富を積み上げていく。各地に工業都市が生まれ、1814年には**スティーヴンソン**が**蒸気機関車**の試運転を成功させ、以後、鉄道によって各都市が有機的に結びつけられる。

18世紀後半、世界初の産業革命がイギリスではじまった理由は、さまざまに指摘されている。第一には、イギリスで毛織物工業を中心とするマニュファクチュア（工

産業革命の3つの革命

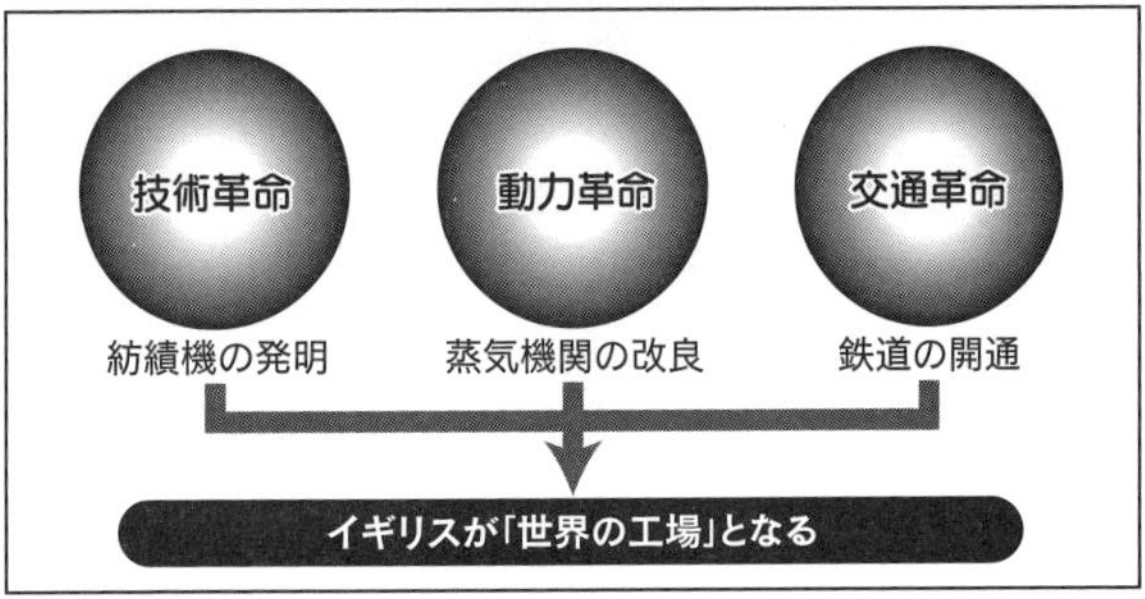

産業革命後のイギリス

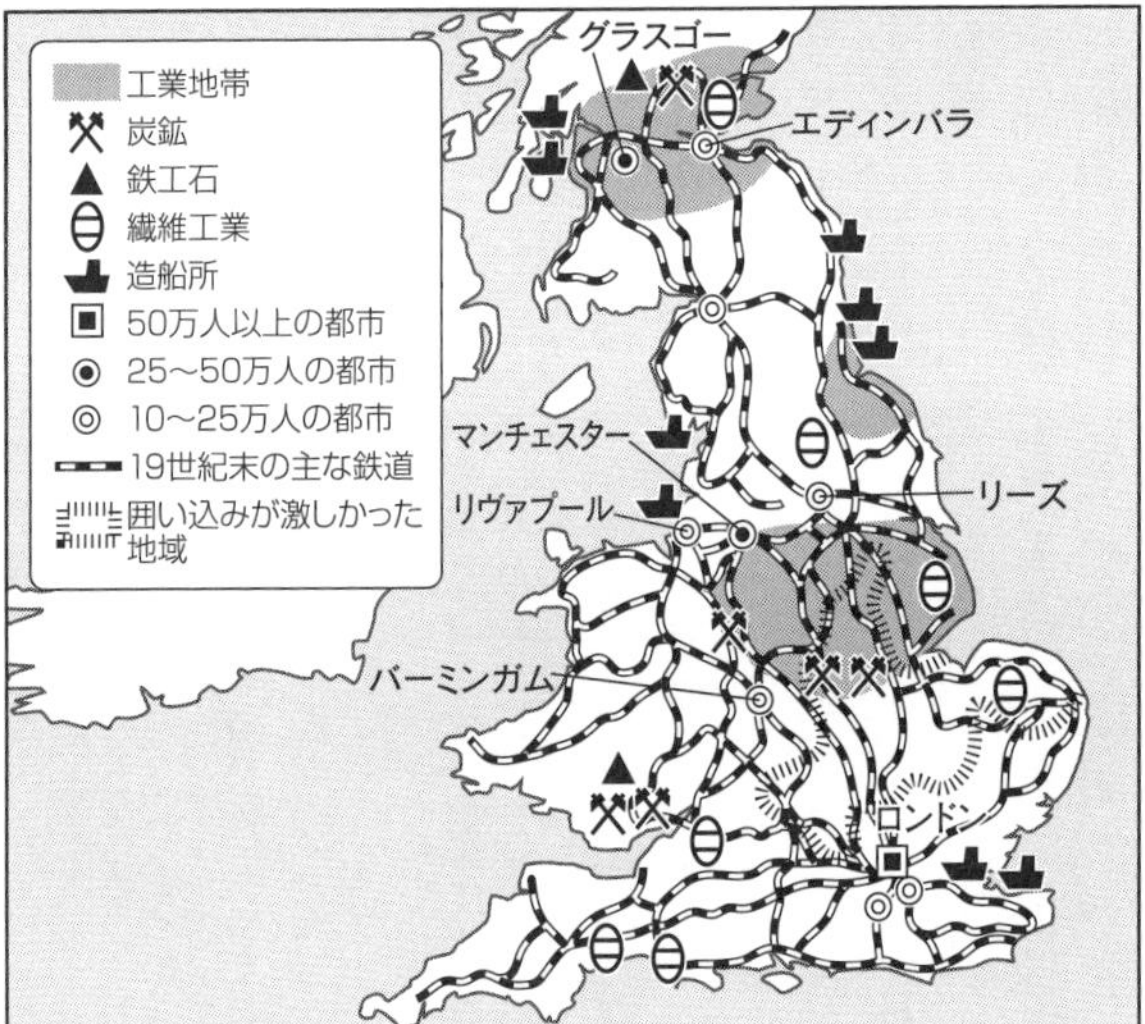

場制手工業）が進んでいたことがあげられる。あとは燃料と動力技術が発展すれば、生産性が大きく向上する生産技術がすでに整っていたのである。

　イギリスで自然科学や科学的な思考法が発達しはじめていたこともある。イギリスは、17世紀のヨーロッパで起きた科学革命の中心国のひとつであり、とりわけニュートンによって打ち立てられた物理学は、産業革命の理論上の推進力となった。

また、イギリスは産業革命を達成できるだけの豊富な資金を蓄積していた。植民地から収奪した富、奴隷貿易による莫大な収入が産業革命につぎこまれたのだ。

18世紀、世界各地に築いた植民地は、イギリスの市場になった。産業革命によって大量生産された繊維製品の売り先があったのだ。

もうひとつ重要なのは、イギリスには豊富な労働力があったことだ。イギリスの農村では、地主が増産を目指し、耕作地を垣で仕切る「囲い込み」（エンクロージャー）が行なわれてきた。くわえて、新しい農業技術が導入されたため、農村で余った人手が都市に流れ込んでいた。また、農業技術の発達によって食糧が増産され、イギリスの人口は増えつづけていた。

　産業革命がはじまったとき、工場はすぐに豊富で安価な労働力を手にすることができたのである。

ニュートンはどんな人物だったか?

「万有引力の法則」で知られるアイザック・ニュートンは、1642年のクリスマスにイギリスの寒村《かんそん》で生まれた。ニュートンは体が小さく、内向的な子どもで、友人と遊ぶよりもひとりでいることを好み、小学生のころは、読み書きだけでなく、算数にも興味を示さなかったといわれる。

ところが、中学に入って、自分をいじめた少年にケンカで勝つと、ようやく自分に自信をもつことができたのか、ニュートンは学年でトップの成績を取り、頭のよさで周囲の注目を集めるようになる。

その後、ニュートンは、18歳で下宿先の娘と恋仲になり、婚約をした。しかし、結局、法的な結婚はせず、生涯独身を通した。ただ、ふたりの親密な関係はその後もつづき、ニュートンは彼女から金銭的な援助を受けていたといわれる。

そんなニュートンの才能が開花したのは、ケンブリッジ大学で学んでいたときのことだった。ペストの流行で大学が閉鎖されたため、実家で1年半の休暇をとっていたニュートンは、りんごが木から落ちるのをみて、万有引力の法則を思いついたと伝えられる。

ニュートンは、そのときに思いついた万有引力の概念を、全宇宙の運動に当てはめて考え、その後も数多くの業績を挙げた。万有引力、二項定理の発見、微積分法の発明といったニュートンの科学的業績は、すべて25歳ごろまでに挙げられたものだ。

その後ニュートンは、44歳ごろまで研究をつづけ、以後は王立造幣局に勤めた。ニュートンといえば、近代科学の範《はん》となった物理学者であり、数学者だが、じつは科学的研究についやした年月よりも、この造幣局時代のほうが長いのだ。ニュートンは1727年、84歳で造幣局長官として息を引きとっている。

ロゼッタストーンが大英博物館にある理由

大英博物館所蔵品の目玉中の目玉、ロゼッタストーン。ナポレオン軍がエジプトに遠征したさいに、アレクサンドリア近郊のロゼッタで見つけた石碑のことだ。

紀元前196年に造られたこの石碑には、エジプト語のヒエログリフ（聖刻文字）、デモティック（民衆文字）、古代ギリシャ文字の3種類で碑文が刻まれている。フランスのエジプト学者シャンポリオンらは、それらの文章が同じ意味であることに気づき、解読ずみだった古代ギリシャ文字を手がかりにして、それまで謎とされていたエジプトのヒエログリフの解読に成功した。ロゼッタストーンは、エジプト文字解読の鍵となった記念すべき石碑なのである。

それにしても、なぜフランス軍が発見した石碑が、イギリスの大英博物館におさめられているのだろうか？

ロゼッタストーンは当初、エジプトを占領したフランスによって、エジプトで保管されていた。ところが、ナポレオン戦争中の1801年、エジプトのフランス軍がイギリス軍に降伏し、フランスはエジプトをオスマントルコに返還することになった。

そのさい、ロゼッタストーンは、フランス軍撤退に立ち会ったイギリス側の手に渡り、大英博物館におさめられたのである。この年以降、ロゼッタストーンは大英博物館を代表する宝になったというわけである。

スコットランドヤードは自警団からスタートした

スコットランドヤードといえば、ロンドンの首都警察の別名。日本でいえば警視庁にあたる組織だ。推理小説が好きな人なら、スコットランドヤードの刑事が難事件を解決する物語を読んだことがあるだろう。

警察史をさかのぼると、イギリスには近世まで、地元の有力者が司法や行政の役割を引き受ける習慣が根づいていた。そのため、正式な警察組織は存在しなかった。

しかし、18世紀以降、ロンドンを中心に急激な都市化が進むと、凶悪な犯罪が急増したため、専門の治安維持組織がなければ対応できなくなった。そこで、警察組織の整備に乗り出したのが、『トム・ジョーンズ』などのピカレスク小説で知られる小説家のヘンリー・フィールディングと、その弟で判事のジョン・フィールディングである。このフィールディング兄弟の活動が実を結び、彼らが行なった治安システムの改革が、イギリス近代警察の出発点になった。

それでも、長年自治の精神で治安を維持してきたイギリスでは、人々の意識を変えることが容易ではなく、結局、警察法が成立し、正式な警察組織ができるには、19世紀初頭まで待たなければならなかった。

そうした経緯でできた首都警察の本部は、ホワイトホールプレイスに位置していたが、建物の裏側がスコットランドヤード街に面していたため、やがてその名前が首都警察の別名として知れ渡るようになる。

その後、警視庁はスコットランドヤードから別の場所に移転したが、すでにこの名前で知られていたので、名称が変わることなく、現在にいたっている。

スコットランドヤード

〝ロンドン大火〟の意外な恩恵とは

1666年9月2日、ロンドンは大火災に見舞われた。出火元はディング・レーンのパン屋だったが、市当局の対応の

イギリスの歴史雑学④

悪さから消火活動がうまくいかず、結局4日にわたってロンドン市街を燃やし尽くす、いわゆる「ロンドン大火」へと発展したのである。

そのロンドン大火で、ロンドン市内の約8割が焼失し、約10万の人々が家を失った。この規模の火災にしては、死者こそ少なかったものの、セント・ポール大聖堂といったロンドン有数の教会も焼け落ちた。

ただし、この火事をきっかけとして、ロンドンは生まれ変わることになる。火事が広範囲にわたって広がったのは、狭い街路に木造の家屋がひしめいていたからだとして、木造建築が禁止され、セント・ポール大聖堂をはじめとする多くの建物が、石とれんがで造り直されたのである。

そうして、ロンドンの復興は急速に進み、現在のロンドンの街並みに近づいていく。そして、貿易港として栄えたオランダのアムステルダムに取って代わり、ロンドンが世界の金融の中心地として繁栄することにつながっていく。

また、この大火がもたらしたものは、新しい都市計画だけではなかった。当時のロンドンでは、ほかのヨーロッパ諸国と同じく、ペストの流行に苦しめられてきたが、この大火事によって多くの菌が死滅し、その後は感染者が少なくなったという説もある。

また、世界初の火災保険が生まれたのも、このロンドン大火がきっかけとなったのである。

5

「アメリカの独立」から「パックス・ブリタニカ」まで——

植民地経営による大英帝国の繁栄

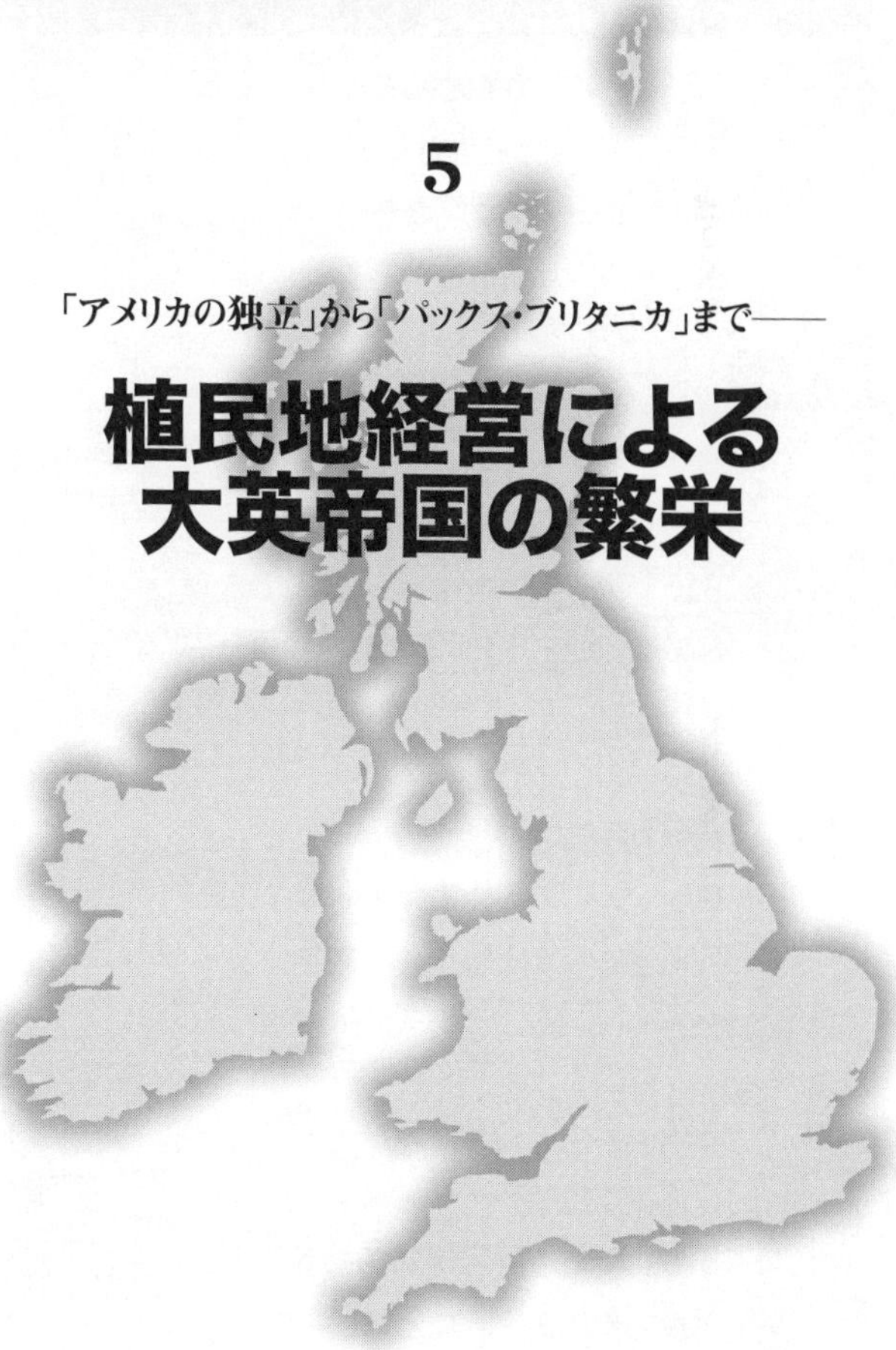

イギリス			日本
ハノーヴァー朝	1775	**アメリカ独立戦争**がはじまる(〜83)	江戸時代
	1776	アメリカ独立宣言	
	1781	**ヨークタウンの戦い**	
	1789	フランス革命の勃発	
	1793	第1回対仏大同盟	
	1799	第2回対仏大同盟	
	1801	**アイルランド併合**	
	1805	第3回対仏大同盟	
	1815	ワーテルローの戦い	
	1820	ジョージ4世即位	
	1829	カトリック教徒解放法	
	1830	ウィリアム4世即位	
	1832	第1回選挙法改正	
	1837	**ヴィクトリア女王即位**	
	1840	**アヘン戦争**がはじまる	
	1857	インドでシパーヒーの反乱 **アロー戦争**がはじまる	
	1858	東インド会社解散	
	1868	第1次ディズレーリ内閣	明治時代
	1875	**スエズ運河株式会社を買収**	
	1899	**南アフリカ戦争**はじまる(〜1902)	

アメリカの独立

大国イギリスが農民軍に敗れた理由

18世紀、イギリスは数々の戦いに勝利して、世界的な覇権国にのし上がる。しかし、その戦費を国債を売ってまかなったため、1億3000万ポンドの負債を背負《せお》うことになった。この巨額の負債が、イギリスがアメリカを手離す遠因になる。

イギリスは借金を減らそうとして、アメリカ植民地にその一部を負担させようとした。もともと、植民地への課税は本国よりも低かったのだが、税率を引き上げようとしたのである。

まず、1765年に印紙法を施行し、新聞やパンフレットにも印紙を貼らせて課税した。つづいて1767年、茶・ガラス・紙・鉛などに課税するタウンゼンド諸法が施行された。

それまで、アメリカの植民地の民は、イギリス本国に好意的だったが、一連の課税によって本国へ反感を抱くようになる。そんな反発を無視するかのように、イギリス本国は1773年に茶法を定める。この法律によって、イギリス東インド会社がアメリカに輸出する茶は無税とされた。

茶法が成立した背景には、東インド会社の窮状《きゅうじょう》があった。当時、東インド会社は大量の茶の在庫を抱えて、売り先に困っていた。茶法はその救済法といえ、東インド会社はアメリカに市価の半額で茶を売り出し、在庫をさばこうとした。

それが、アメリカ人の誤解を招く。東インド会社が植民地貿易の独占を狙っているとアメリカ側は解釈し、暴動を起こす。ボストンの急進派市民はボストン港に停泊していた東インド会社の船舶を襲撃、積み荷の茶箱を海に投げ捨てたのである。これが、**ボストン茶会事件**である。

これに対して、翌1774年、イギリス本国はボストン港を封鎖、植民地側も譲歩せず、ついに武力衝突し、1775年に**アメリカ独立戦争**がはじまった。イギリスは3万名の軍を送り込み、これに対してジョージ・ワシントン率いるアメリカ軍は農民兵を中心とする1万2000名にすぎなかった。

その数字を見れば、イギリス軍の優勢は揺るぎないはずだったが、イギリス軍は苦戦する。その理由のひとつは、**ヨーロッパから義勇兵が大挙してやってきていた**ことだ。

フランス貴族のラ＝ファイエットやプロイセンの将校・シュトイベンらがその中心的人物で、とりわけシュトイベンは軍事強国プロイセンの戦争のプロだった。ア

アメリカの独立

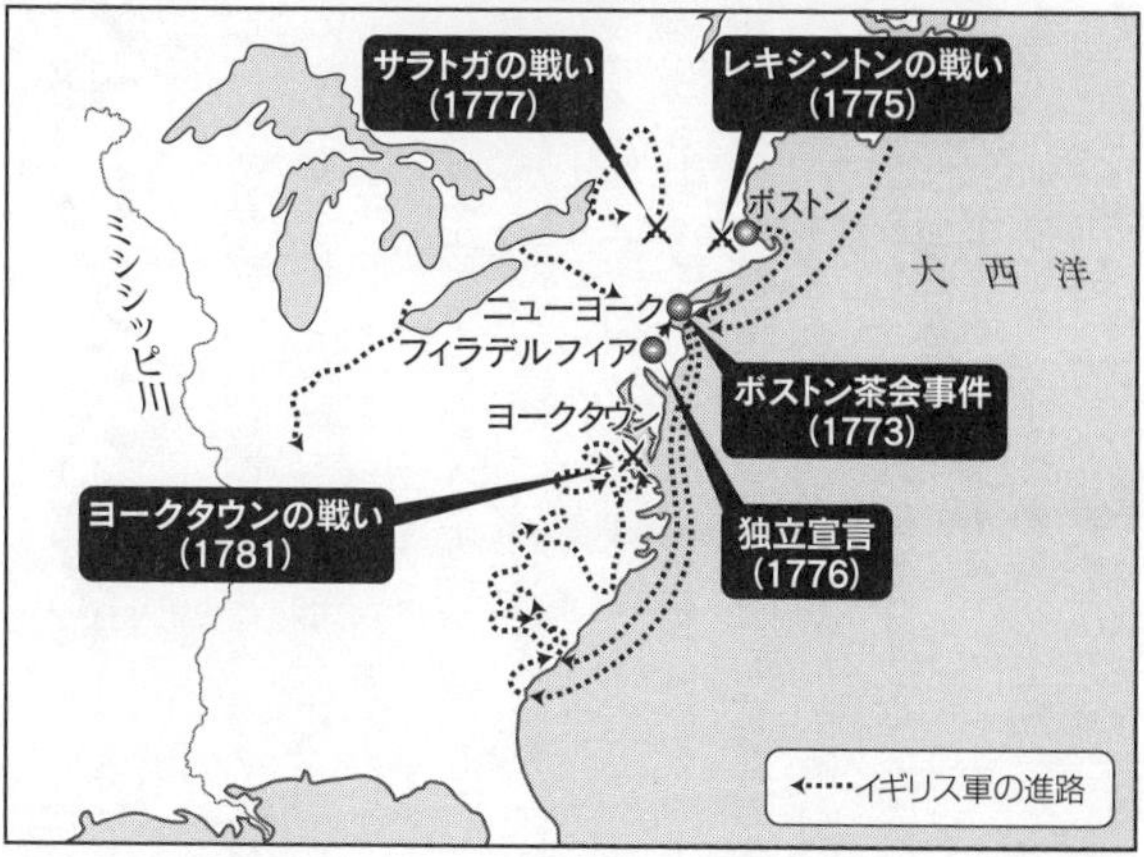

メリカ兵は、彼に厳しい軍律を仕込まれ、強くなっていく。

この戦いは、イギリス以外のヨーロッパ諸国にとって、イギリスに打撃を与える絶好の機会だった。1778年には、フランスがアメリカの独立を承認するとともに、参戦してきた。1779年にはスペインも参戦、イギリスは孤立を深め、ヨーロッパ全体を敵に回しそうな状況となってきた。

1781年、イギリス軍は、ヨークタウンの戦いでアメリカ・フランス連合軍に降伏する。

これで、イギリスの敗北は決定的となり、イギリスはパリ条約によってアメリカの独立を承認した。

ナポレオン戦争

――イギリスは、どのように戦い、対処したか？

アメリカ独立戦争に敗れたイギリスには、すぐさま新たな対外危機が押し寄せる。フランス革命につづいて、ナポレオンが登場し、イギリス侵攻を、狙ってきたのである。

1789年、フランス革命が勃発《ぼっぱつ》したとき、イギリスにとっては対岸の火事のようなものだった。当初は、名誉革命のフランス版と好意的にさえみていたのだが、1793年、国王ルイ16世が処刑され、革命が急進化すると、イギリス国内に警戒心が生まれてくる。**ピット首相（小ピット）はヨーロッパ諸国に呼びかけて第1回対仏大同盟を結成、対フランス戦に参戦する。**

その戦いは、ヨーロッパ各国が革命の影響を封じ込めようとした戦いであり、その戦いのなかから、軍事的天才ナポレオンが台頭してくる。彼の登場によって、対仏戦争は大規模化、長期化し、イギリスの命運が左右されるまでになる。

まず、ナポレオンはオーストリア軍を撃破して、第1回対仏大同盟を解散に追いこむと、イギリスの力を弱めるため、インドへのルートを遮断《しゃだん》しようと、1798

年、エジプトを占領する。

これに対して、ネルソン提督《ていとく》率いるイギリス海軍は、アブキールでフランス海軍を破り、ナポレオンを一時的ながらエジプトに孤立させる。その隙に、イギリスはオーストリア、ロシアらと第2回対仏大同盟を結成するが、ナポレオンはわずかの兵とともにエジプトを脱出、帰国するとクーデターによって権力を掌握《しょうあく》する。ナポレオンはすぐさまオーストリア軍を撃破。イギリスは、その勢いを目《ま》のあたりにして、ナポレオンと和約を結ばざるをえなくなる。

1804年、ナポレオンは皇帝となり、ヨーロッパ制覇を目指しはじめる。イギリスは第3回対仏大同盟を結んで対抗するが、ナポレオンはイギリス上陸作戦さえ計画する。翌1805年、ネルソン率いるイギリス海軍が、トラファルガー沖の海戦でフランス海軍を撃破、ネルソンは戦死するものの、ナポレオンにイギリス侵攻を断念させる。

ただし、ナポレオンは、1806年に大陸封鎖令（ベルリン勅令）を発し、すでに影響下においていたヨーロッパ諸国にイギリスとの貿易を禁じ、イギリスを経済的に追いつめようとする。

しかし、それは、すでにイギリスの経済力に依存していた大陸諸国にとっても苦

ナポレオン時代のヨーロッパ

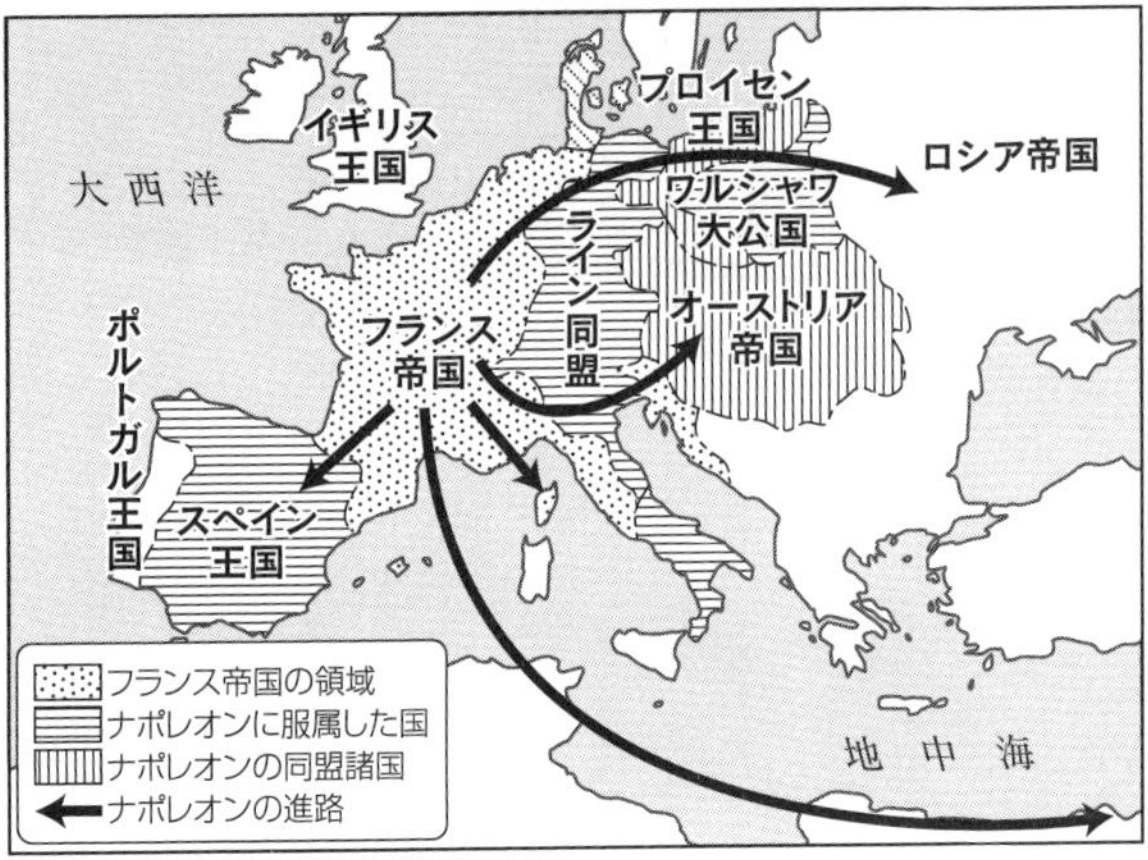

しみをもたらす政策であり、ヨーロッパ諸国のナポレオンからの離反《りはん》を招く結果に終わる。

イギリスの反撃は、イベリア半島からはじまった。イベリア半島では、ナポレオンの兄ジョセフが王となっていたが、イギリスはウェリントン率いる陸軍を送り込み、ナポレオンのイベリア半島支配は崩れていく。

１８１２年、ナポレオンはロシア遠征に失敗し、翌１８１３年にはライプチヒの戦いでプロイセン軍らに敗れ、エルバ島に流される。

１８１５年、ナポレオンはエルバ島を脱出、ふたたびフランス皇帝となるが、**イギリスはウェリントン率いる陸軍がブ**

リュッヘル率いるプロイセン軍と連合して、ワーテルローでナポレオン軍を破る（ワーテルローの戦い）。勝利したイギリスらはナポレオンをアフリカ沖の孤島セントヘレナ島に流した。これにより、ナポレオン戦争は終結した。

また、ナポレオン戦争中の1801年、イギリスはアイルランドを併合した。フランス革命は、アイルランドの独立運動を刺激し、情勢が不穏になった。イギリスはナポレオン打倒に集中するため、アイルランドのカトリック教徒の権利回復を約束、その見返りにアイルランドの併合を求めた。アイルランド側もこれに合意して、アイルランドはイギリスに加わったのだ。

自由主義の発展

山積する国内の問題をどう切り抜けたか?

19世紀初頭、イギリスはナポレオン戦争に勝利し、窮地を切り抜けるが、国内には産業革命以来の矛盾と不満がたまっていた。ナポレオン戦争後、イギリスは「自由主義」の道を選んで、さまざまな不満を解消していく。

まず焦点となったのは、信教の自由である。イギリスでは、それまで審査法という法律によって、イギリス国教徒以外は公職につくことができなかった。それは、事実上、カトリック教徒が多いアイルランドの人々を差別するための法律であり、不満が高まっていた。

イギリスは、**1828年に審査法を廃止、翌1829年にはカトリック教徒解放法を発布**した。これにより、宗教による差別は表向き解消され、イギリスは長く紛争の火種となってきた宗教問題にひとまずけりをつけた。

つづいて、選挙と議会に関わる問題に手がつけられた。産業革命は大規模な人口移動をもたらしたので、国内にはほとんど人の住んでいない選挙区も生まれていた。有権者が十数名しかいない選挙区がある一方、数万人の新しい都市に選挙区がないというような矛盾が生じていたのだ。

そこで**1832年、第1回選挙法改正**が行なわれ、有権者のほとんどいない選挙区、いわゆる腐敗選挙区は廃止となった。

ただ、その時代、労働者にはまだ選挙権がなく、労働者は「人民憲章（ピープルズ・チャーター）」を制定、普通選挙を求めるチャーティスト運動を展開する。しかし、この時点では、その要求は通らず、運動は挫折する。

また、この時代には、政界再編が進み、トーリー党は地主や資本家を支持層とする保守党へと変わり、ホイッグ党は商工業ブルジョアを代表する自由党に変身した。

19世紀の半ばには、貿易の自由化も行なわれた。その過程で、最大の争点となりつづけたのは、穀物法の撤廃をめぐってである。ナポレオン戦争時代、大陸封鎖令によって、大陸からイギリスへの穀物輸出が止まり、イギリス国内の穀物価格は高騰した。それに対処するため、地主は投資を積み増しして耕作地を広げていたが、ナポレオン戦争が終わると、ふたたび大陸から安価な穀物が流入するようになった。

それは地主にとって死活問題だったので、イギリスは**1815年に穀物法を制定**し、穀物輸入を制限するとともに、価格の高値維持を図った。しかし、それは安価な食料を求める労働者の不満を招き、暴動にも発展した。穀物法は自由貿易の最大の障害と見なされ、反穀物法同盟も結成されるが、地主たちの力は強く、同法は30年以上も生きながらえ、１８４６年になってようやく撤廃された。

インド支配――フランスを抑え、どう植民地化していったか？

イギリスが世界帝国として繁栄した時期、最大の富の源泉となったのはインドである。イギリスのインド支配は、長い年月をかけて実現されていった。

イギリスがインドに関わるようになったのは、17世紀前半、香辛料貿易をめぐって、ライバル・オランダとの競争に破れたことがきっかけである。イギリスは当時ドル箱だった東南アジアを追われ、しかたなくインドを拠点としてアジア交易を再スタートすることにしたのだ。

その時代、インドではムガール帝国が栄えていた。イギリスはムガール帝国の皇帝に取り入る形で、インド貿易をはじめるが、イギリスにとって幸運だったのは、アジア貿易の目玉商品が17世紀後半以降、香辛料から茶やインド産の綿織物に変化したことである。

それまで、オランダは、東南アジアの香辛料貿易で栄えていたので、その変化はオランダにとって打撃となった。代わって、インドを地盤として綿織物を取引していたイギリスが、貿易の覇者として浮上したのである。

イギリスのインド交易を独占した東インド会社は、マドラス、ボンベイ、カルカッタの3港を拠点とし、それらを要塞《ようさい》化する。

イギリス東インド会社が地盤を固めるなか、新たにインド参入を目指してきたのがフランスである。フランスは、ポンディシェリとシャンデルナゴルを根拠地に、勢力を伸ばしはじめる。18世紀になると、ムガール帝国が弱体化し、地方に独立勢力が登場する。イギリスは、フランスと独立勢力の双方を睨《にら》みながら、インドでの覇権を維持しようとする。

その過程でまず起きたのが、1744年から英仏が戦った**カーナティック戦争**である。カーナティックは南インドの東側地域であり、英仏は南インドの覇権をめぐって戦った。まず、フランス軍の侵攻によって、イギリスはいったんはマドラスを失う危機に陥るが、最終的にフランスの根拠地のポンディシェリを占領、フランスを南インドから追い出した。

イギリスの勝因は、その海軍力にあった。フランス海軍はイギリス海軍の敵ではなく、陸軍に有効なあと押しができなかった。

しかし、フランスも巻き返しを画策する。ヨーロッパでプロイセン対オーストリアの七年戦争がはじまろうとしているとき、フランスはベンガル大守軍と協力した。1757年、ベンガル大守軍約5万とイギリス軍2400名がプラッシーで衝突する。その結果はあっけなかった。ベンガル大守軍は圧倒的多数を誇っていたのだが、優秀な武器をもつイギリス軍の前に潰走《かいそう》、イギリス軍が圧勝した。

この**プラッシーの戦い**以後、イギリスの東インド支配が進む中、ムガール帝国皇帝と独立勢力が連合して、1764年、**バクサル（ブクサール）**でイギリス軍に挑んできた。イギリスはこの戦いにも勝利して、東インドでの徴税権を獲得、東インドを事実上支配することになった。

イギリスは東インドで収奪と搾取《さくしゅ》を重ね、その収奪は飢饉《ききん》を招いて、1769年から1770年のたった1年間で、ベンガル住民の約3分の1が死亡した。

シパーヒーの反乱——反乱のなか、どのように植民地化を完成させたのか?

18世紀、イギリスはインドの植民地化を進め、同世紀後半にはインドの市場化に成功する。安価な機械織り綿布を大量生産し、それをインドに売りつけたのだ。かつての綿布の輸出国インドは、イギリス綿製品を買う国になってしまったのである。

これにより、インドの綿織物産業は壊滅に追い込まれ、インド人はイギリスに反感を募らせる。ついに、1857年に大反乱が起きる。それが、シパーヒー(セポイ)の反乱だ。

シパーヒーは、東インド会社に雇われていたインド人傭兵《ようへい》のことだ。彼らは、イギリスに安くこき使われていることに不満を抱いていた。そこに、新式銃の薬莢《やっきょう》に牛と豚の油が使われているという噂がたった。

牛はヒンドゥ教徒にとって神聖な動物であり、豚はイスラム教徒にとって不浄な動物である。ヒンドゥ教、イスラム教というインドの二大宗教のタブーを犯すことになるこの噂をきっかけにして反乱は勃発した。反乱は全インドの3分の2にまで広がり、シパーヒーのみならず、農民や商人らも参加した。

反乱軍はデリーを奪うが、イギリスのインド支配を打ち破るまでにはいたらなかった。反乱軍を束ねる指導者がいなかったことに加え、ヒンドゥ教徒とイスラム教徒が統一戦線をつくれなかった。くわえてカースト問題もあって、インドは一丸になって戦えなかったのだ。

反乱の中、イギリスは1858年、ムガール皇帝を捕虜《ほりょ》とし、廃位に追いやった。**ムガール帝国は滅亡**し、イギリスはインドを直接統治する方針に切り替える。それまでインド統治にあたっていた東インド会社は解散させ、**1877年、ヴィクトリア女王がインド皇帝となり、イギリスのインド植民地化は完成**した。

インドの完全な植民地化に前後して、イギリスは東南アジアの国や地域も植民地化していった。イギリスは、各地でオランダ勢力を追い出し、シンガポールやマラッカを手に入れる。植民地行政官ラッフルズはシンガポールを要地として重視し、東南アジア最大の商業港・軍港に育てる。

イギリスは、インドの隣国ビルマ（ミャンマー）にもたびたび侵攻し、1886年、

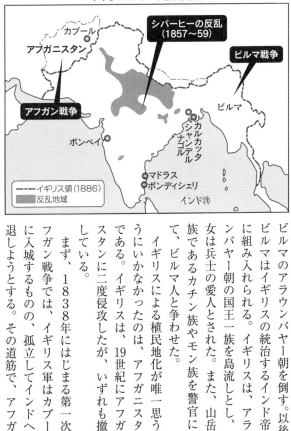

イギリスのインド植民地化

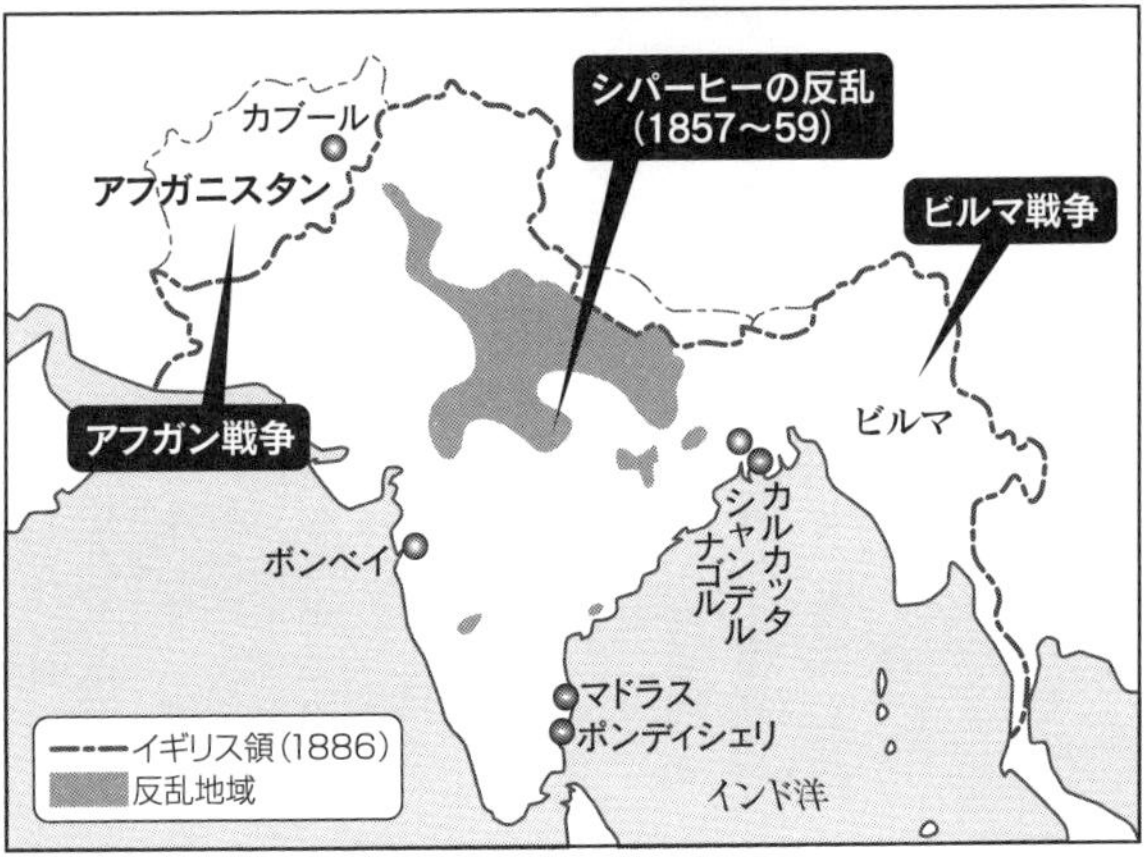

ビルマのアラウンパヤー朝を倒す。以後、ビルマはイギリスの統治するインド帝国に組み入れられる。イギリスは、アラウンパヤー朝の国王一族を島流しとし、王女は兵士の愛人とされた。また、山岳民族であるカチン族やモン族を警官にして、ビルマ人と争わせた。

イギリスによる植民地化が唯一思うようにいかなかったのは、アフガニスタンである。イギリスは、19世紀にアフガニスタンに二度侵攻したが、いずれも撤兵している。

まず、1838年にはじまる第一次アフガン戦争では、イギリス軍はカブールに入城するものの、孤立してインドへ撤退しようとする。その道筋で、アフガン兵士らに襲撃され、イギリス軍は壊滅した。その衝撃から、イギリス兵士の軍服は目立つ赤色から、目立たないカーキ色に改められた。

1878年にはじまる第二次アフガン戦争でも、イギリス軍はふたたびカブールに入城、その後外交権を委譲させるなど、名目上、保護国化するものの、軍事的占領は断念、撤退した。

アヘン戦争——アジアの大国・清をいかに屈服させたか?

19世紀、世界帝国を築いたイギリスにとって、最大の獲物になったのは、中国大陸を支配していた清《しん》である。

イギリスと清の接触は17世紀にはじまるが、当初の貿易は中国伝統の朝貢《ちょうこう》貿易スタイルであり、貿易港は広州1港に限られていた。くわえて、イギリスからの使者は、清の皇帝に対して三跪九叩頭《さんききゅうこうとう》という礼をとらねばならず、それを拒否すれば会見が許されなかった。両国の交流がはじまったころ、清は乾隆帝《かんりゅうてい》の全盛時代にあったので、イギリスは何もできなかった。

その後、イギリスは対清貿易で、慢性的な赤字をかかえる。イギリスは清の茶を求めたが、清はイギリスの製品を必要としなかった。そこで、イギリスは赤字を解消するため、アヘン貿易を思いつく。イギリスは、植民地化を進めていたインドで大量生産されていたアヘンを、清に密輸して売り込んだのだ。

このイギリスの目論見《もくろみ》は成功し、清国内ではアヘンの吸引者が増え、イギリスの対清貿易は黒字に転換した。

清の密輸業者は、アヘンの代価を銀で支払っていたため、清国内から銀が流出しつづける。清政府はアヘンの密輸入を禁じるが、それでもアヘンが流入しつづけたため、強硬な措置《そち》に出る。アヘン厳禁論者の林則徐《りんそくじょ》を欽差《きんさ》大臣（特命全権大使）に任命したのだ。**林は広州でアヘン2万箱を海に投げ込んで焼却**する。とともに、林はイギリスにアヘン貿易をやめないかぎり、貿易を全面停止すると迫った。

イギリスはこの申し入れに対して、戦争で応じることに決めた。この開戦には英国内でも反対の声が上がり、のちに首相となるグラッドストンはこの戦争は「永遠の不名誉」となるとして反対した。

しかし、大勢は開戦に傾く。勝てる見込みがあったからだ。たしかに、清は大国ではあるが、すでに全盛期を過ぎ、かたやイギリスは産業革命を経験していた。

１８４０年、イギリス艦隊50隻余りは広州に向かい、清軍を圧倒する。１８４２

年、イギリスと清の間に**南京条約**が交わされ、イギリスは大きな成果を手に入れた。香港島の割譲《かつじょう》、広州など5港開港、賠償金2100万ドルの支払いなどである。以後、イギリスはいよいよ清を食い物にしていく。

イギリスは翌1843年に**虎門寨条約**《こもんさいじょうやく》を中国に押しつけ、治外法権を得るとともに、中国から関税自主権を奪いとる。さらには、1845年に上海に租界《そかい》を設けた。

アロー戦争

英仏両軍による中国侵略は、なぜ起こったのか?

アヘン戦争の勝利によって結ばれた南京条約は、中国の急速な市場化をもたらすはずだった。しかし、現実はそう進まなかった。清との貿易が思うように拡大しなかったため、イギリスは再度、清帝国を叩く必要があると考えた。

一方、清の上層部は、アヘン戦争に敗れたとはいえ、まだ事態を軽視していた。公文書では相変わらずイギリスを「夷狄《いてき》」扱いし、排外的な態度を崩していなかった。イギリスは、その清朝の排外的な態度が中国の市場化を阻んでいるとみたのである。

そういう情勢のなか、偶発的に起きたのが、アロー号事件である。1856年、イギリス船籍のアロー号という船の乗組員が、海賊容疑で清朝に逮捕された。乗組員はすべて中国人であり、現実には中国の海賊船であった可能性が強い。

しかし、イギリスは、同船に掲げてあったイギリスの国旗を引き降ろしたことが不当であると難癖をつけ、出兵しようとする。イギリス下院は出兵に反対するが、パーマストン首相は下院を解散、総選挙を経て出兵する。

この出兵にくわわったのが、ナポレオン3世のフランスである。フランスは、中国で同国の宣教師が殺害された事件を口実とした。こうして、1857年から第二次アヘン戦争とも呼ばれるアロー戦争がはじまる。

戦いは英仏軍の圧倒的優勢で進み、英仏軍は広州から北上し、天津に迫った。1858年、窮した清はイギリス・フランスと**天津条約**を結ぶ。条約には、各国公使の北京駐在、キリスト教宣教師や信徒の保護、アヘン貿易の合法化、イギリスに400万両の賠償金を支払うことなどが盛り込まれた。

しかし、清は条約締結後も、各国公使の北京駐在を嫌い、条約批准のため、北京に向かった英仏の使者に対して砲撃した。むろん、これは英仏の怒りを招き、英仏軍は北京に侵攻、離宮・円明園《えんめいえん》を襲撃、財宝を略奪したのち、放火した。

清は、この英仏の強盗まがいの蛮行《ばんこう》にも対抗するすべがなく、さらにイギリスな

アヘン戦争のきっかけ

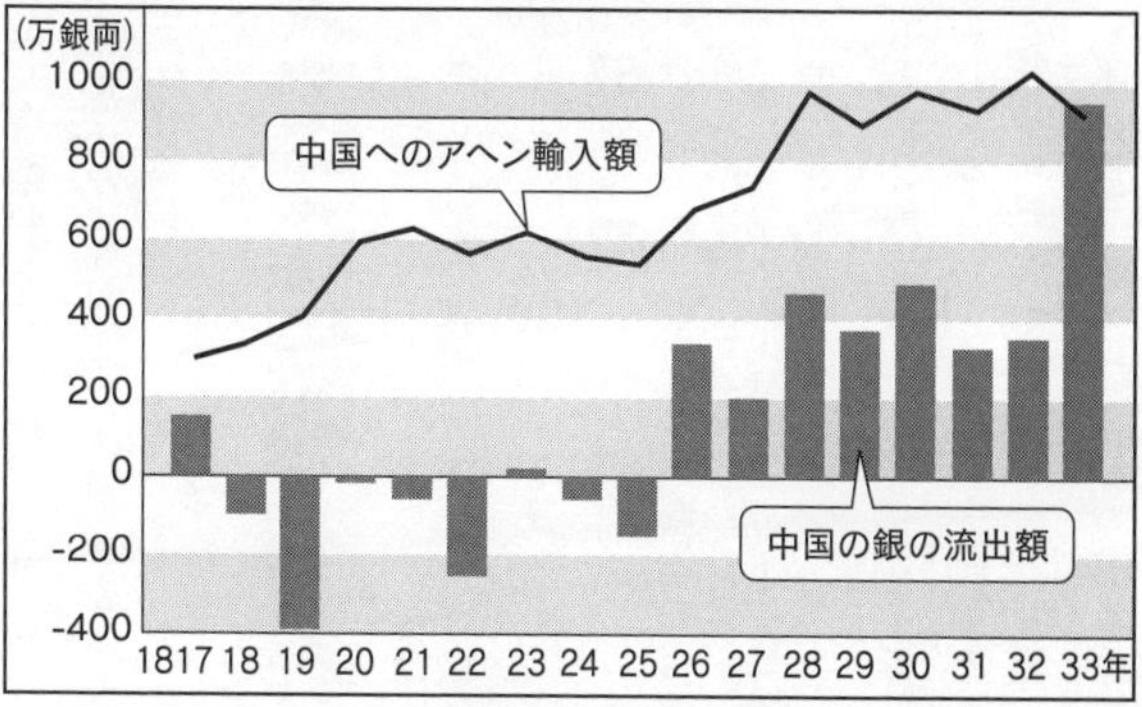

アヘン戦争とアロー号事件

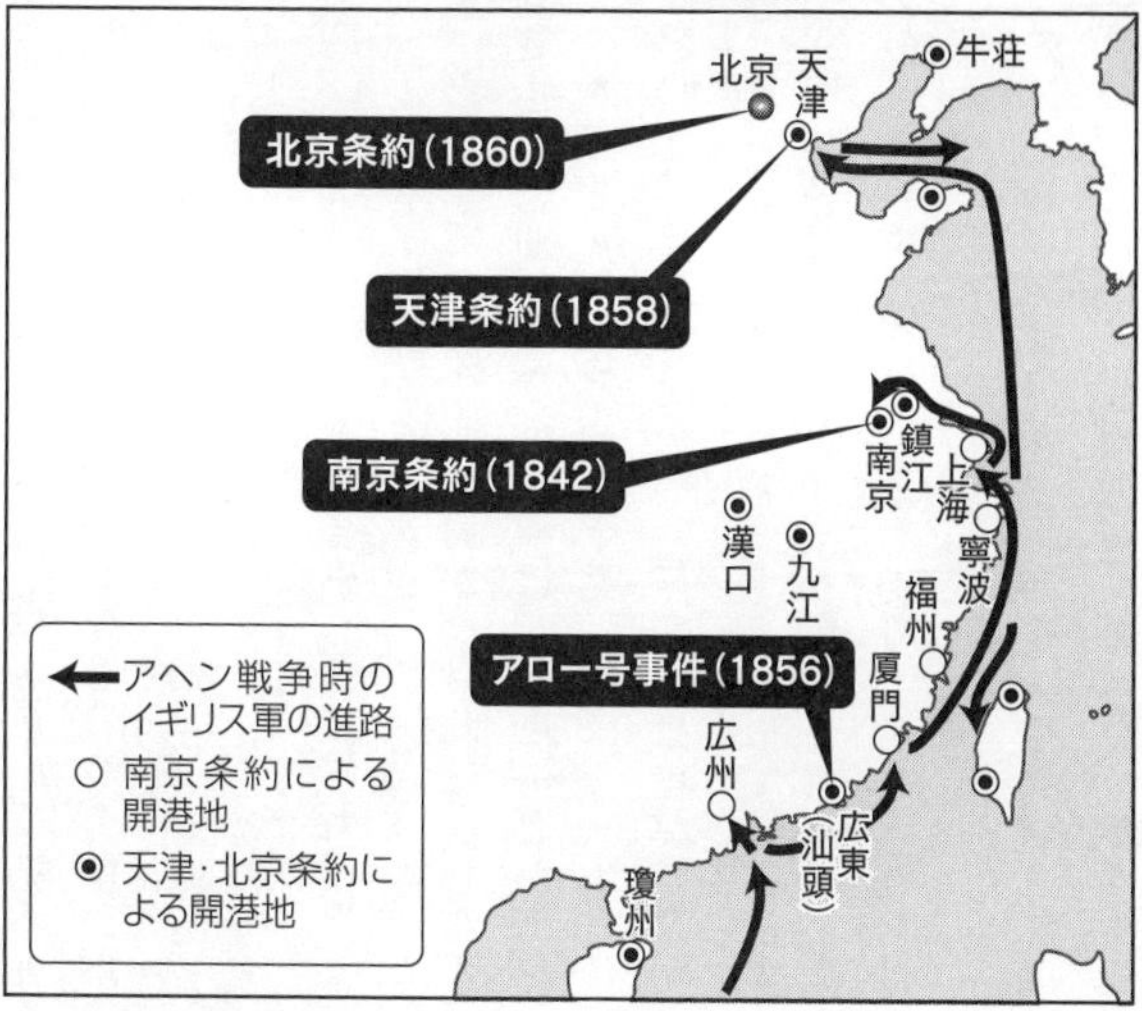

額された。

どと**北京条約**を結んだ。北京条約は天津条約をもとにして、香港の対岸である九《きゅう》龍《りゅう》半島のイギリスへの割譲がくわえられ、イギリスへの賠償金は800万両に増額された。

スエズ運河——海軍の大動脈を、どのようにして手に入れたのか?

イギリスが世界帝国化していくとき、どうしてもおさえておかなければならなかったのが、スエズ運河である。1869年に開通したこの運河は、地中海と紅海を結ぶ運河であり、イギリスからアジアへの航海ルートを大きく変えた。

それまでは、アフリカ南端の喜望峰を回り、インド洋からアジアへと向かっていた。ところが、同運河の完成によって、地中海から運河を経て紅海へ出れば、その先はインド洋である。イギリスからアジアへいたる航路が4割も短縮されたのである。当時、スエズ運河を通過する船の6~8割はイギリス船であり、スエズ運河はイギリス海運にとっての大動脈となっていた。

ただ、イギリスにとって問題だったのは、スエズ運河がライバル・フランスによって運営されていたことである。スエズ運河を開削・管理しているのは、フランスとエジプト大守の共同出資による万国スエズ運河株式会社だったのだ。そのままでは、イギリスは、フランスに生命線を握られているようなもので、イギリスにとっては急ぎ解消したい状況だった。

そんななか、イギリスにとって願ってもないチャンスが舞い込んでくる。運河会社の株式を大量保有するエジプトが財政難に陥り、株式の売り出しを考えはじめたのだ。イギリスはその情報をキャッチすると、すぐに株式の取得にかかる。首相のディズレーリは休会中の議会を無視して、大財閥ロスチャイルドから400万ポンドを借り、株式の買い取りに成功した。

これにより、イギリスは、スエズ運河の運営・管理について、フランスと同等の発言権を得る。同時に、これがイギリスのアフリカ進出の発端になる。エジプトの財政は、運河会社の株を売ってもなお苦しく、エジプトの債権国であった列強は、エジプトの内政に干渉しはじめる。

これに対して、**アラービー・パシャが1881年、抵抗運動を展開すると、イギリスはエジプトに出兵、スエズ運河地帯を確保した。**エジプトはナポレオンの征服以来、長くフランスの影響下にあったが、イギリスが奪い取ってしまったのである。

その後、イギリスはエジプト南方のスーダンを狙う。東スーダンではマフディ（イスラム教シーア派の一派が信じる救世主のこと）を名乗る人物が出現し、イギリスに10年間抵抗するが、ついには敗れ去る。そして、イギリスは、東スーダンをも支配下においたのだった。

南アフリカ戦争

なぜ、予想外の苦戦を強いられたのか？

膨張に次ぐ膨張をつづけた19世紀のイギリスが、最後に行なった膨張戦争が南アフリカ戦争だ。南アフリカ戦争はブーア戦争とも呼ばれるが、イギリスは大苦戦し、20世紀のイギリスの衰退ぶりを予兆するような戦争になった。

南アフリカ戦争の舞台になったのは、アフリカ南方の**オレンジ自由国**と**トランスヴァール共和国**である。

アフリカの南端ケープ地方には、早くからオランダ人が入植していた。現地のオランダ移民や彼らとの混血児は、ブーア（ブール）人と呼ばれていたが、1815年、ナポレオン戦争の後始末をするウィーン会議によって、ケープ地方はイギリスのものになる。ブーア人らはケープ地方の北に移動し、オレンジ自由国とトランスヴァール共和国を建国した。

それから70年余り、１８８６年にトランスヴァールに世界最大の金鉱が発見される。オレンジ自由国でもダイヤモンド鉱が発見されると、イギリスはそれらの土地を奪取しようと画策《かくさく》する。

まずは、１８９５年、イギリスのケープ植民地首相のセシル・ローズが騎兵をトランスヴァールに侵攻させるが失敗、失脚する。代わって、イギリス本国の植民地相となったジョセフ・チェンバレンが、オレンジ自由国とトランスヴァール共和国に露骨な内政干渉を仕掛ける。これで、イギリスとブーア人の間の開戦は時間の問題になった。

19世紀の南アフリカ

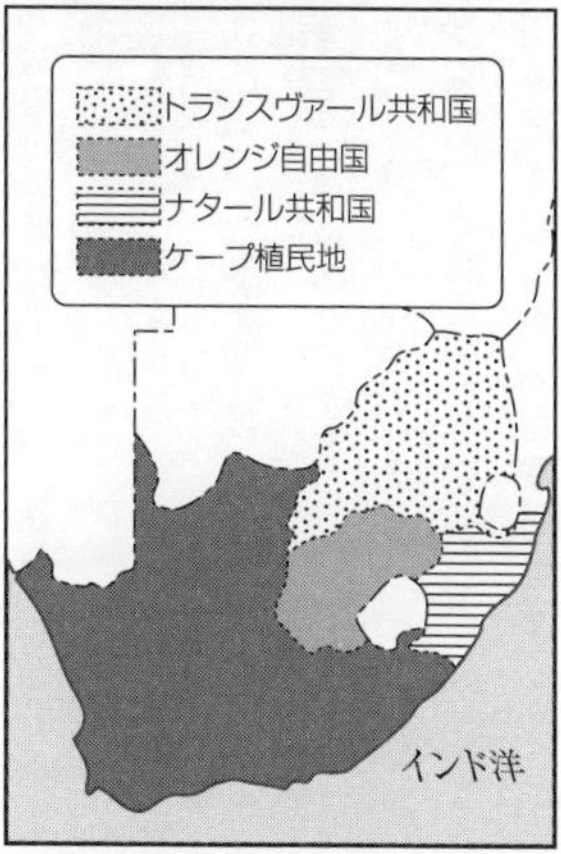

１８９９年、ブーア人側からの発砲によって、南アフリカ戦争がはじまった。ブーア側の兵力2万名に対して、イギリス側は2万７０００名。それでも緒戦では、ブーア側がイギリス軍を圧倒したため、イギリス本国は18万名にのぼる大兵力を送り込む。

これによって、イギリス軍はブーア人

の土地を占領するが、その後、彼らを待っていたのはブーア兵によるゲリラ戦であった。

最終的に、イギリス軍は2年7か月におよぶ戦いに勝利するものの、戦死者は6000名、戦傷者は2万3000名にも及んだ。一方、ブーア人側の死者は4000名にとどまった。

イギリスは、多大な人命を犠牲に、金とダイヤモンドを手に入れたわけだが、そこから先、さらに大きな代償を支払うことになる。**南アフリカ戦争で大苦戦したことで、イギリスの威信が急低下**したのである。

それまでのイギリスは、世界各地で無敵だった。ナポレオンに屈せず、インドの覇者となり、巨大帝国・清朝をも屈伏《くっぷく》させた。強大化するロシアの南下も、クリミア半島で食い止めた。イギリスに抑えつけられていたフランスやドイツ、ロシアは、イギリスを無敵の帝国とみていたが、南アフリカ戦争の苦戦ぶりを目のあたりにして、イギリスも勝てない相手ではないとみるようになったのだ。

南アフリカ戦争では、ブーア人を応援するため、フランス、ドイツ、オランダから義勇兵が駆けつけていた。イギリスは孤立し、列強につけいる隙を与えた。その結果、20世紀になると、ドイツから強烈な挑戦を受けることになる。

パックス・ブリタニカ——帝国の繁栄はどう維持されたのか?

19世紀、イギリスが膨張し、繁栄を誇った時代は「パックス・ブリタニカ(イギリスの平和)」と呼ばれる。古代ローマの繁栄と安定を「パックス・ロマーナ」と呼ぶことになぞらえた言葉だ。

イギリスが「パックス・ブリタニカ」を謳歌《おうか》できたのは、これまで述べてきたように、産業革命の成果によるところが大きい。「世界の工場」と呼ばれたイギリスは、18世紀後半から、1870年ごろまでの約1世紀の間、産業革命の先行者でありつづけた。

産業革命の最初の主役は綿工業だったが、イギリスでは鉄鋼業を中心とした重工業でも先行し、1850年代、イギリスの鉄鋼生産量はドイツの10倍、アメリカの4倍を誇っていた。

鉄鋼の圧倒的生産力は、軍備と海運の充実に直結した。**イギリスは強力な海軍を擁し、世界的な海運力を誇っていた**のである。

「パックス・ブリタニカ」を支えたもうひとつの柱は、**自由貿易体制**である。イギ

パックス・ブリタニカ

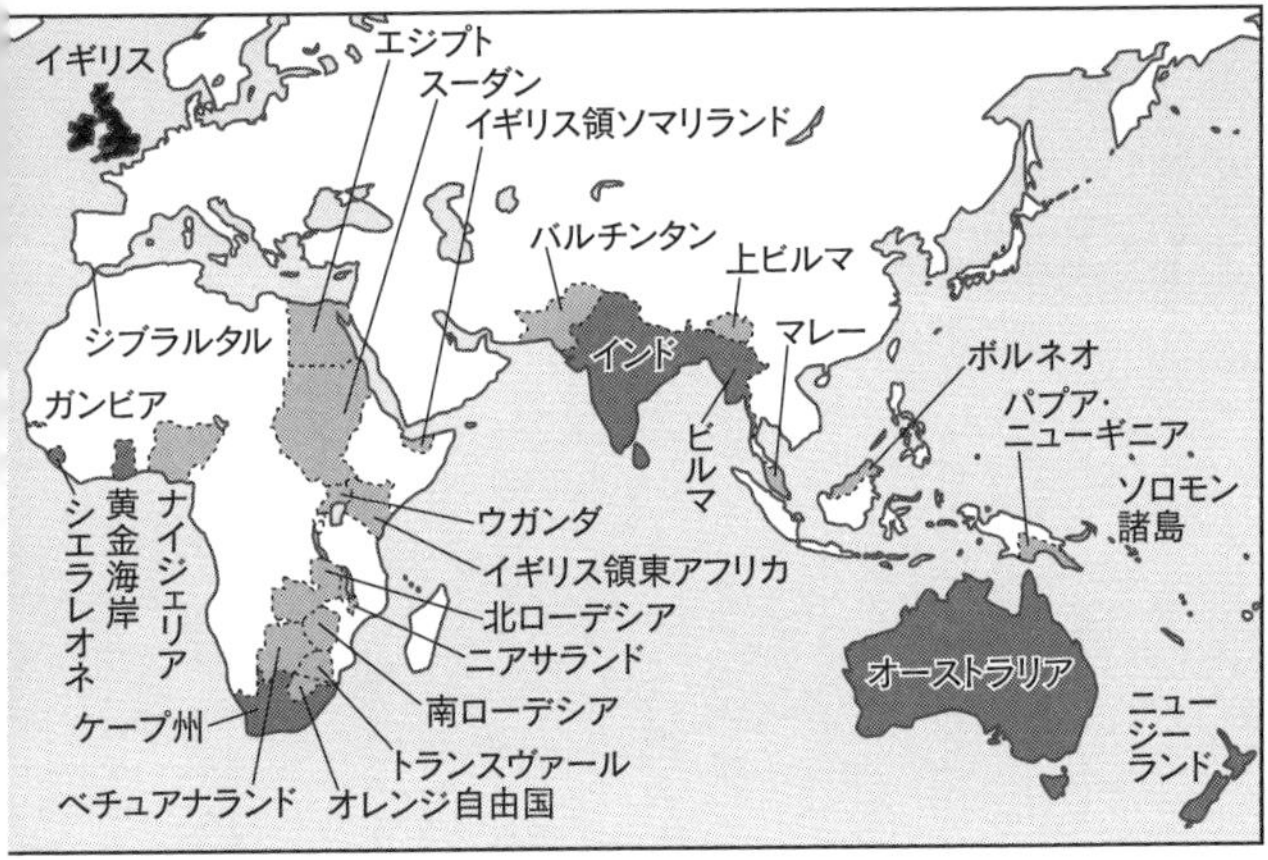

リスは、自らの圧倒的な工業力を生かすには、保護主義貿易よりも自由貿易のほうが有利と考え、世界各国に強制したのだ。インドで独占貿易を行なっていた東インド会社に対しても、１８３３年、その貿易特権を奪い、ただの行政機関に衣替えさせている。穀物法と航海法の廃止も、自由貿易体制を確立するものだった。

その自由貿易体制は、「自由」とはいいつつも、貿易相手国に暴力的に「自由貿易」を強制するものだった。清には戦争によって自由貿易を強制し、南米諸国にも砲艦外交によって脅しをかけ、自由貿易を強制した。そのイギリスの手法は**「自由貿易帝国主義」**とも呼ばれる。

貿易がもたらす富は、イギリスの金融

業を発達させ、**ロンドンのシティは、世界金融の中心地に成長**した。

以上のような「パックス・ブリタニカ」を象徴する大イベントは、1851年に開催された世界初の**万国博覧会**である。イギリス国内はもちろん、大英帝国の傘下各地からの特産物が展示され、観客数は延べ600万人にものぼった。

ヴィクトリア女王

大英帝国・最盛期の女王は、どんな女性だったか？

「パックス・ブリタニカ」の時代は、ほぼヴィクトリア女王の時代と重なる。そのため、大英帝国の最盛期はヴィクトリア時代とも呼ばれる。ヴィクトリア女王は、大英帝国繁栄のシンボルだった。

イギリスでは「女王の時代は繁栄する」といわれる。かつて、エリザベス1世の時代もそうだったが、ヴィクトリア女王は、エリザベス1世のような才気溢《あふ》れるタイプではなかった。むしろ、家庭的な女王だったと言っていい。

ヴィクトリア女王は、ハノーヴァー朝のジョージ3世の4男ケント公エドワードの一人娘である。1817年、ハノーヴァー朝の皇太子ジョージの一人娘シャーロットが死去したため、ハノーヴァー朝の王位後継者が不在となった。そのため、それまで独身貴族を謳歌してきたケント公が、50歳を過ぎた身ながら、急いで結婚、ヴィクトリアが生まれたのである。

1837年、伯父のウィリアム4世が没すると、ヴィクトリア女王は18歳で即位した。そして、1840年、アルバート公と結婚する。

ヴィクトリア女王は、美男で知的なアルバートに一目惚れしたというが、これは血族結婚であった。アルバートは、ヴィクトリア女王の母の兄のドイツ貴族、ザクセン・コーブルク・ゴータ公の次男である。つまり、ヴィクトリア女王のいとこにあたったのだ。

ヴィクトリア女王とアルバートの結婚によって、ハノーヴァー王家にはドイツ色が強まる。ハノーヴァー朝は、もともとドイツ貴族を祖とすることもあって、ドイツの名家との結婚が多く、ドイツ貴族アルバートとの結婚によって、さらにドイツ色が強まった。結婚後しばらくの間、ヴィクトリア女王夫妻の日常会話はドイツ語

ヴィクトリア女王までの系図

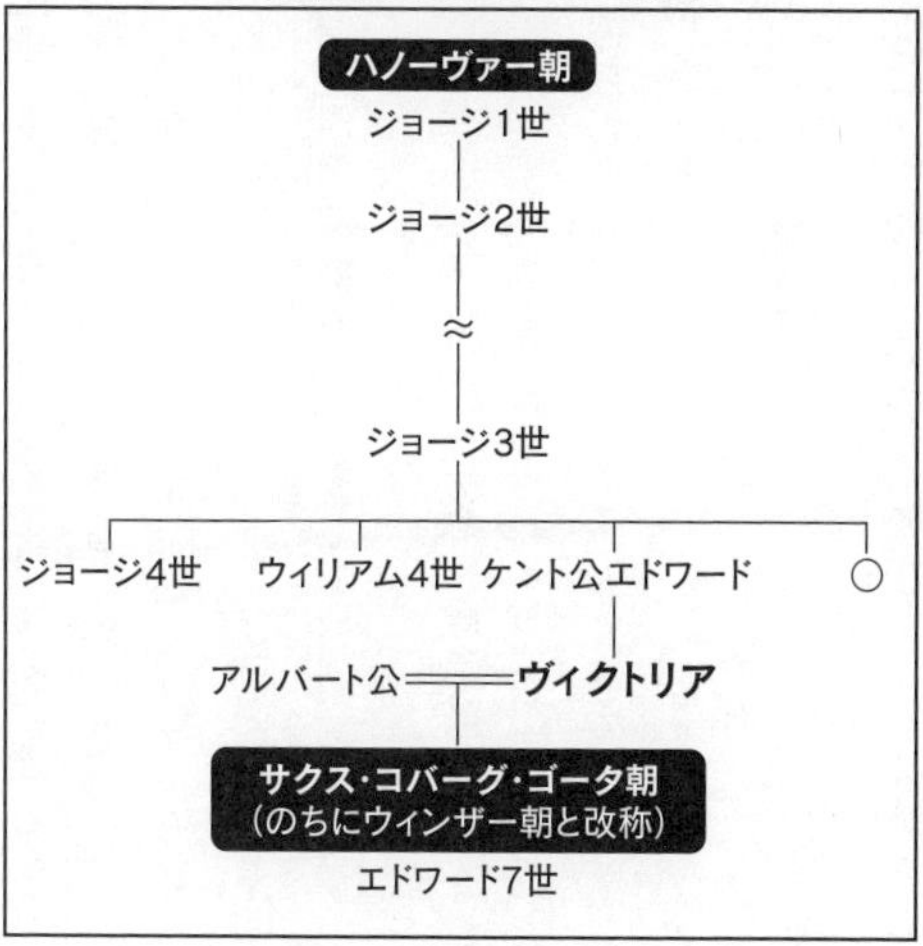

で交わされたという。

ただ、ヴィクトリア女王の家庭生活は、イギリス国民には好ましいものとして受け止められた。女王と夫アルバートの仲は睦《むつ》まじく、９人の子どもに恵まれた。夫妻の生活は上流階級のそれというよりも中産階級に近く、イギリス国民の模範になった。

歴代のイギリス国王には、スキャンダルを引き起こした人物が少なくなかったが、ヴィクトリア女王夫妻には、そのような浮ついたところがなかった。大英帝国が繁栄し、ともすればバブル的なムードに流されがちななか、**ヴィクトリア女王の堅実な姿は、大英帝国にとって重しにも柱にもなった。**

20世紀がはじまった１９０１年、

ヴィクトリア女王は81歳で没する。翌1902年、イギリスは「名誉ある孤立」を捨て、極東での利権を守るため、新興国・日本と同盟を結ぶ（日英同盟）。ヴィクトリア女王の死とともに、「パックス・ブリタニカ」の時代も終わったのである。

ディズレーリ――ヴィクトリア時代を支えた首相は、どんな政治家だったのか?

ヴィクトリア時代は、辣腕《らつわん》政治家が腕をふるった時代でもあった。とりわけ、ディズレーリとグラッドストンのふたりは、イギリス史に名を残す大政治家である。

彼らのうち、グラッドストンはその謹厳《きんげん》実直な性格が災いして、ヴィクトリア女王に好まれることはなかったが、才気《さいき》煥発《かんぱつ》なディズレーリは女王に愛された。その意味では、ディズレーリこそ、ヴィクトリア朝を支え、代表する政治家といえる。

ディズレーリは遅咲きの政治家だった。彼はイタリア系のユダヤ人を父に持ち、当時ユダヤ人は高等教育を受けることが難しかったため、独学で世に出ていく。青年時代は、南米の鉱山に投資して失敗、政治新聞を発行しては失敗と辛酸《しんさん》をなめるが、やがて政治小説家として身を立てる。

政界入りは30代で、保守党から出馬、下院議員となるが、党内では傍流だった。

そのため、ディズレーリは、目立つためなら何でもした。派手な服装で人目をひきつけ、大言壮語《たいげんそうご》によって人々に強い印象を与えた。ディズレーリは、やがて党内でも地位を得て、64歳のときに一度首相になるが、政権を長くは維持できなかった。

1874年、ディズレーリは70歳にしてふたたび首相の座につく。そのときから、本格的なディズレーリ時代がはじまる。ディズレーリは、**徹底的に帝国主義的な政策を推し進め、大英帝国を膨《ふく》らませていく。**

なかでも際立った手腕を発揮したのは、万国スエズ運河会社の株式がエジプトから売りに出されようとしたときだ。彼は議会を無視して、独断でロスチャイルドから4000万ポンドを借り受け、スエズ運河会社株を購入した。このとき、ロスチャイルドから「抵当は?」と問われ、「大英帝国」と答えた話は有名だ。

ディズレーリは、**半ば引退していたヴィクトリア女王を復帰させた**政治家でもある。ヴィクトリア女王は、夫アルバートに先立たれたのち、失意から公式行事に出なくなっていた。ディズレーリは、その機知によってヴィクトリア女王を慰めつづけ、ついにヴィクトリア女王も公式行事に出るようになった。寡婦《かふ》となったヴィクトリア女王の後半生を支えたのは、ディズレーリだったのである。

ホッブズやロックが生み出した新政治思想とは

近世のヨーロッパでは、絶対君主の支配を正当化するために「王権神授説《しんじゅせつ》」が唱えられた。君主の権力は神から授けられたものであり、その主権は神以外の誰からも制約されないとする政治思想である。

しかし、合理的な考え方が主流をしめるようになると、この王権神授説は論理的ではないと批判する人々があらわれた。そして、イギリスの政治思想家ホッブズが提唱した社会契約説が登場する。

ホッブズは代表作『リヴァイアサン』のなかで、人は相互に契約を結んで、ひとつの意思に服従する必要があると説いた。人はそれぞれ平等に絶対不可侵の生存権をもつが、彼らが互いの自らの生存権を主張すれば、「万人の万人に対する闘い」が起きると、ホッブズは考えたのである。

そこでホッブズは、人が互いに争いを起こさないためには、その生存権を主権者に委譲《いじょう》すべきであり、主権者は絶対不可侵でなければならないとした。いわばホッブズの思想は、民主主義的な前提から出発しながら、結論は絶対主義的なものだったといえる。

このホッブズの思想を発展させたのが、やはりイギリスの政治思想家のジョン・ロックである。ロックは、ホッブズの社会契約説をもとにして人民主権、三権分立、法の支配、抵抗権といった諸原理を説いた。

なかでも、ロックが主張した抵抗権（革命権）は、市民革命を支える理論となり、フランス革命やアメリカの独立に大きな影響を与えた。世界各地の政治にいまも生きつづけている民主主義の原則は、ロックが残した理論がもとになっているといえる。

ナポレオンを倒したのはどんな人物だったか？

ウェリントン公アーサー・ウェルズリーは、ワーテルローの戦いでナポレオンを打ち破ったイギリスの軍人・政治家である。征服者を征服した男として、イギリスを代表する軍事的英雄となった。

ワーテルローの戦い後、ウェリントン公爵《こうしゃく》は政治家として活躍し、のちにトーリー党党首として、イギリスの首相にもなっている。

そんなウェリントン公爵の政治家時代の業績に、カトリック教徒解放法を成立させたことがある。イギリス国教会成立後、差別されていたカトリック教徒の人権を守る法律であり、ウェリントンはイギリス国教会勢力の反対をおしきって、議会を通過させた。

しかし、その翌年、議会改革に反対して破れ、1830年に辞任を余儀《よぎ》なくされ、ウェリントンは首相の座を退いた。そのとき、怒れる群衆から自分の家を守るために鋼鉄のシャッターを用いたことや、彼が軍人時代に強いてきた「厳しい統制（アイアン・ハンド）」などのイメージが結びついて、「鉄の公爵（アイアン・デューク）」というあだ名がつけられることになった。

しかしながら、ウェリントンの不人気は一時的なものだった。首相退任後も、外務大臣や陸軍総司令官など、政府の要職に任命され、1852年に亡くなったときには、盛大な国葬が執り行なわれている。

以上みてきたように、ウェリントンは、軍人としても政治家としても業績を残したが、女性関係についても華やかな経歴の持ち主だった。

ウェリントンには妻とふたりの息子がいたが、わかっているだけでも、女優、大蔵省秘書官の妻、宣教師をしていた若い女性、ポートランド公爵の令嬢などと浮き名を流した。また、関係をもった元高級娼婦《しょうふ》に脅されたが、要求を呑《の》まなかったため、暴露本を書かれたことさえある。

ウェリントンの女性遍歴は、70歳を過ぎてからもつづいた。78歳のときには32歳の裕福な銀行家の跡取り娘から結婚の申し込みを受け、80歳のときには国会議員を夫にもつ若い女性を連れてパーティーに顔を出すなど、たびたび世間を騒がせた。

このように、ウェリントンが女性にもてたのは事実だが、ウェリントン自身の認識は少し違っていたようだ。のちに彼は「ひとりとして、おそらく妻さえも自分を本当に愛してはくれなかった」と回想している。

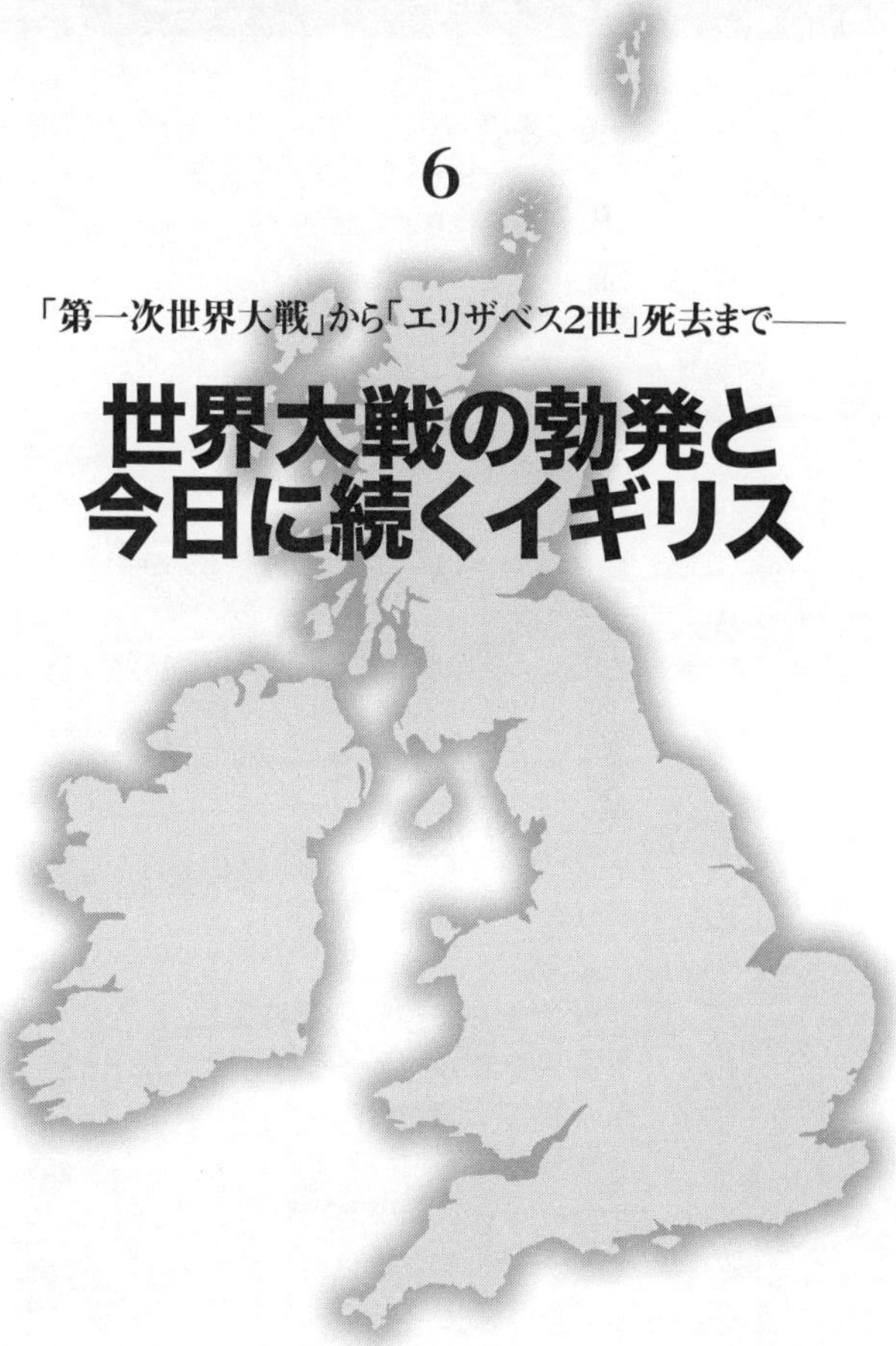

6

「第一次世界大戦」から「エリザベス2世」死去まで――

世界大戦の勃発と今日に続くイギリス

王朝	イギリス		日本
ハノーヴァー朝	1901	ヴィクトリア女王死去、エドワード7世即位	明治
	1902	日英同盟の締結	
	1905	アイルランドでシン・フェイン党結成	
	1910	ジョージ5世即位	
	1914	アイルランド自治法の成立	大正
		第一次世界大戦勃発（〜18）	
	1916	**サイクス・ピコ協定**	
ウィンザー朝	1917	**バルフォア宣言**	
	1918	第4回選挙法改正（男子普通選挙、女性参政権成立）	
	1922	**アイルランド自由国成立**	
	1924	マクドナルド首相による初の労働党内閣成立	
	1935	インド統治法	昭和
	1936	エドワード8世が結婚問題で退位	
		ジョージ6世即位	
	1939	**第二次世界大戦勃発**（〜45）	
	1940	チャーチルによる戦時挙国一致内閣（〜45）	
	1947	インド・パキスタンの独立	
	1952	**エリザベス2世の即位**	
	1956	スエズ動乱	
	1979	**サッチャー保守党内閣の発足**	
	1982	**フォークランド紛争**	
	1990	サッチャー首相辞任	平成
	1997	香港返還	
	1998	北アイルランド和平合意	
	2020	イギリスがEUを離脱	令和
	2022	エリザベス2世死去、チャールズ3世即位	

エドワード7世

スキャンダラスな女性遍歴で名を馳せた王

１９０1年、ヴィクトリア女王が没すると、彼女の子アルバートがエドワード7世として即位する。

エドワード7世の父アルバートが、ドイツのザクセン・コーブルク・ゴータ（英名サクス・コバーグ・ゴータ）家出身であったため、エドワード7世の時代からハノーヴァー朝に代わって、サクス・コバーグ・ゴータ朝（のちにウィンザー朝と改名）となる。

ややゴシップめいた話ではあるが、エドワード7世は、そのセックス遍歴《へんれき》で名を馳《は》せた王である。ヴィクトリア女王と夫のアルバートは、彼に厳格な教育を施《ほどこ》したのだが、その反動からか、彼は放蕩《ほうとう》に走ったのである。彼は生涯に１０１名の女性と関係を持ったといわれている。

そのはじまりは、20歳で軍隊へ体験入隊したときである。隊友らは彼の筆おろしのために、女優のネリ・クリフデンを招き、彼は初めて女性を知ることになる。それは、謹厳《きんげん》なヴィクトリア朝にとって衝撃的なスキャンダルだったが、彼はおかまいなしに女性遍歴を重ねていく。

心配でたまらないヴィクトリア女王は、エドワード7世に早く身を固めさせようとし、彼は21歳のとき、デンマーク国王クリスティアン9世の長女**アレクサンドラ**と結婚する。アレクサンドラは美貌・品格ともに、王家にふさわしい女性だったが、エドワード7世は彼女だけでは飽き足らなかった。あちこちでつまみ食いをするようになり、寛容なアレクサンドラはそれを許した。彼の愛人を園遊会やパーティーに招待することもあったくらいだ。

ただし、彼は単なる遊び人ではなかった。遊びと称しながらも、アイルランド、アメリカ、カナダ、トルコ、ロシアなどを訪問、各地に豊かな人脈を築いた。それが、間接的ながら英仏協商や英露協商に結びつき、彼は**「ピース・メーカー（平和製造者）」**とも呼ばれた。

エドワード7世は68歳で没するが、最後まで愛人がいた。王妃アレクサンドラはそのことを理解し、彼が危篤《きとく》に陥ったとき、その愛人アリス・ケッペル夫人を死の床に招いた。アレクサンドラは、愛人に最後の別れの機会を与えたわけだが、別れが終わると、すぐに出ていくよう叫んだといわれる。理解ある王妃でも、最後はぶち切れたのである。

ちなみに、愛人アリス・ケッペル夫人の曾孫が、チャールズ皇太子（現国王）の愛人から王妃となったカミラ・パーカー・ボールズである。

第一次世界大戦前夜
ドイツとの国力競争にどう対抗したか？

エドワード7世の時代は、大英帝国の繁栄に大きな影がさしはじめた時代である。南アフリカ戦争は1902年に終わるが、この侵略戦争は国際社会を敵に回し、イギリスの威信を低下させた。アジアでは、ロシアの南下政策を抑え込めず、日本と同盟を結んで、対ロシア戦のリスクを日本に押しつけた。

また、国内では、労働問題が日増しに大きくなっていた。すでに前世紀中に労働組合が生まれ、大規模ストライキが頻発していた。

1880年代にはマルクス主義を掲げる社会民主同盟が結成されていたし、バーナード・ショーやウェッブ夫妻によるフェビアン協会も生まれていた。フェビアン協会は独立労働党や労働組合と合流して、1906年には労働党となった。労働党は1906年の選挙で、下院で29議席を獲得した。

国外では、**ドイツがイギリスにあからさまに挑戦をはじめていた**。ドイツは長く分裂していたが、1871年、プロイセンを中心に統一されると、帝国主義の時代に参入し、新たな市場を求めはじめた。19世紀末、ドイツでは電機・化学工業が飛躍的に発展し、その**工業力は短期間にイギリスを上回る**ようにさえなっていた。

さらに、イギリスにとって脅威となったのは、ドイツの海軍力増強である。皇帝ヴィルヘルム2世は「ドイツの将来は海上にある」として艦隊法を制定、**イギリス海軍を仮想敵として海軍力の増強を図った**のだ。

これに対して、イギリス海軍は、新型戦艦ドレッドノートを建造する。ドレッドノートの建艦思想は画期的であり、それまでの戦艦に比べて圧倒的な攻撃力を誇っていた。なお「超弩級《ちょうどきゅう》」ということばの「弩」とは、この戦艦名に由来する。

この戦艦の登場により、それまでの戦艦は旧式化したが、それは当のイギリス海軍の首を絞める結果となった。イギリス海軍がかかえていた多数の戦艦群が旧式化、アドバンテージを失ってしまったのである。ドイツはドレッドノートを超える戦艦建造を急ぎ、イギリスとドイツは激しい建艦競争を展開する。

イギリスはロシアとフランスを味方につけ、ドイツを押さえ込みにかかるが、20世紀の初頭、両国はつねに緊張関係にあった。それが、第一次世界大戦につながっていく。

第一次世界大戦
戦勝国のイギリスが弱体化した理由

1914年、オーストリアの皇太子夫妻が暗殺された（サライェヴォ事件）ことをきっかけに、第一次世界大戦が勃発《ぼっぱつ》する。20世紀初頭以来、英仏露とドイツの間の緊張関係がつづき、それがいよいよ大戦争に発展したのだ。当初、多くのイギリス国民はこの戦争を支持、派兵に熱狂した。

イギリスは、ドイツの国際法違反を理由にして宣戦を布告、フランスに加勢するため、大陸に派兵した。イギリスをはじめ、各国は半年程度で、この戦争が終わると予測していたが、戦いはかつてないほど大規模化し、また長期化した。戦争がはじまったころには、誰もこの戦争がヨーロッパの没落のはじまりになるとは想像もしていなかった。

戦争は当初、ドイツが優勢に立つが、フランスが盛り返して戦線は膠着《こうちゃく》する。英仏軍もドイツ軍も長大な塹壕《ざんごう》を掘り、兵士は塹壕に身を隠した。連発式の機関銃の登場によって、敵の塹壕に向かって突撃すれば、たちまち銃撃の餌食《えじき》になった。両軍ともに敵の塹壕を突破できず、毒ガスや戦車といった新兵器が投入されたが、決め手にはならなかった。それは、かつての戦いを知っている者からすれば、信じがたい戦争だった。１９１６年のソンムの会戦では、戦いの初日だけで、イギリス軍は2万人の死者と5万７０００人以上の負傷者を出した。

イギリス軍は兵士不足に陥り、徴兵制が導入された。イギリス陸軍は開戦前は25万人体制だったが、ついには５７０万人に達し、まさしく国家総力戦となった。

多数の男性が戦場に駆り出されたため、イギリス国内では労働力が不足した。その穴を埋めるため、女性が労働者として働きはじめ、女性の社会進出が進むという結果を生んだ。

戦況を大きく変えたのは、アメリカの参戦である。アメリカが２００万人の大軍をヨーロッパ戦線に送り込み、くわえてイギリス海軍がドイツ海軍を封じ込めたので、ドイツ国内は物資不足に陥った。

１９１８年、ドイツは屈伏し、第一次世界大戦は終結するが、イギリスは勝利したにもかかわらず、大きな傷を負った。戦死者91万人、重傷者は２００万人にのぼり、84億ポンドの戦費を費やした。**戦費の大半は国債でまかなわれ、戦後のイギリス財政は困窮することになる。**

もはや、イギリスにかつての栄光の面影はなかった。

第一次世界大戦前の情勢

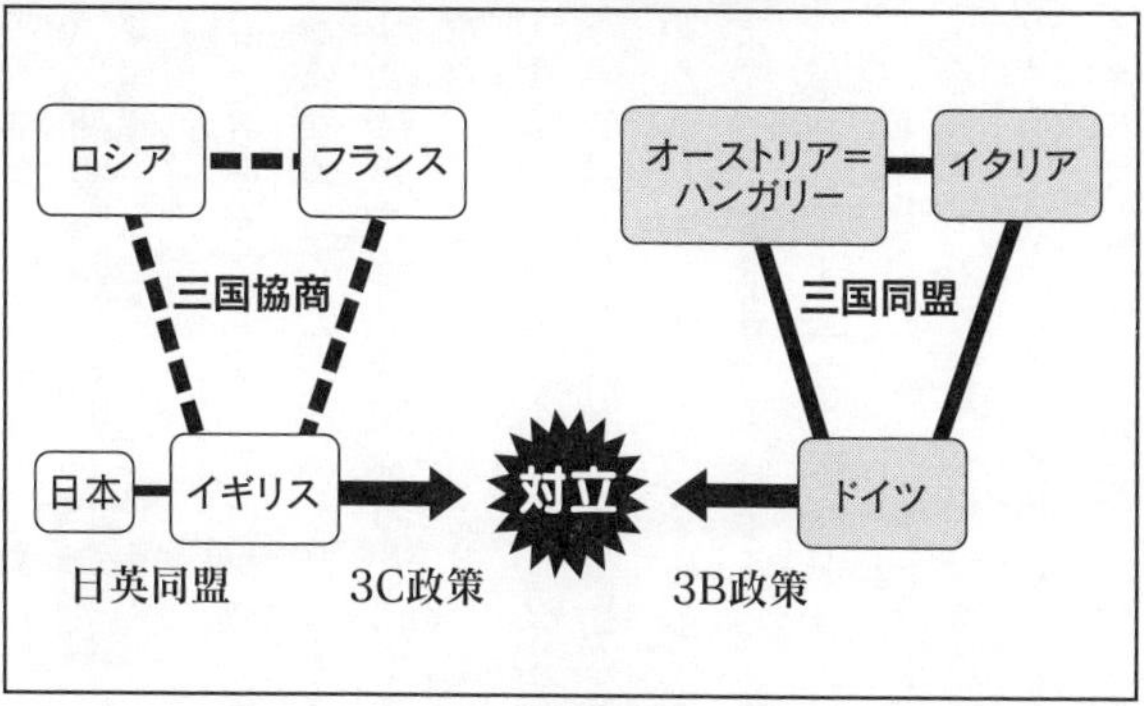

第一次世界大戦

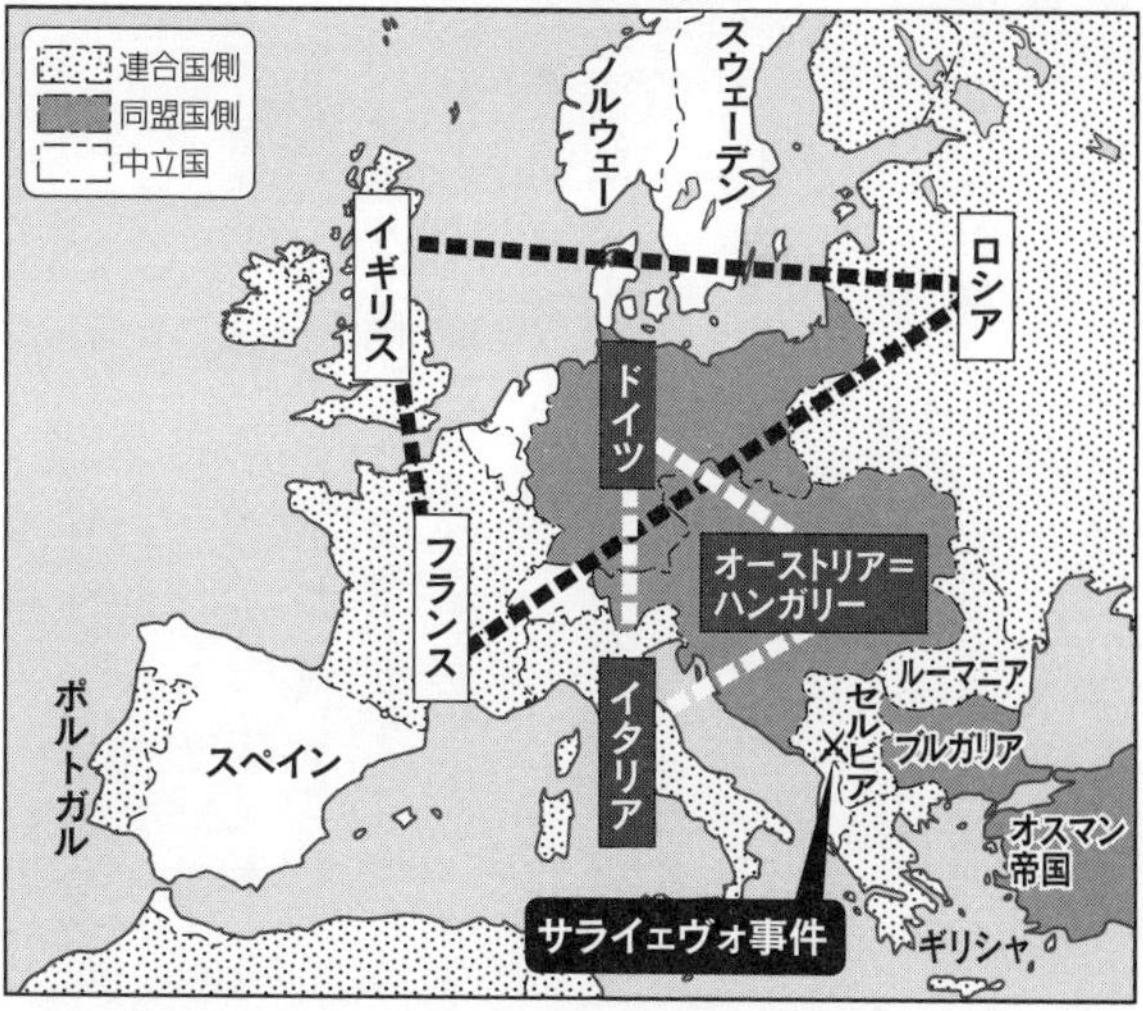

パレスチナ問題

―――「三枚舌外交」によって生まれた、いまなおつづく問題

第一次世界大戦はヨーロッパを戦場とした戦いと思われがちだが、中東も重要な舞台になった。この戦いには、オスマン帝国がドイツ側に立って参戦していた。イギリスはオスマン帝国を叩き、オスマン帝国領の中東の切り取りを狙った。

ただ、イギリス軍の主力は、ドイツ軍相手のヨーロッパ戦線に投入されていたので、中東に十分な兵力を回す余裕はなかった。そこで、イギリスは外交によって地元のアラブ勢力を利用しようとした。それが、イギリスの**三枚舌外交**となり、現在にいたるパレスチナ問題を生む。

まず、イギリスは1915年、アラブのハーシム家の当主**フサイン**に、アラブ勢力を集めて対オスマン戦争を仕掛けるようにもちかける。イギリスは、その代償として、戦後にはオスマン帝国領内のアラブ諸国の独立を認めるとした。この件について、イギリスのエジプト高等弁務官**マクマホン**がフサインと往復書簡を交わし、合意に達した（**フサイン・マクマホン協定**）。

イギリスは、この合意を最初から守るつもりがなかったようだ。実際、翌191

6年にフランス、ロシアと**サイクス・ピコ協定**という密約を結んで、戦後、イギリスがイラク、フランスがシリアを勢力圏に置くと取り決めている。パレスチナについては、国際共同管理にするとした。

その一方、パレスチナについては別の約束が交わされた。1917年、イギリスのバルフォア外相は、パレスチナにユダヤ人の民族的郷土が設立されることに賛同する意思を表明した（**バルフォア宣言**）。

そのころ、イギリスは戦費に窮し、ユダヤの金融資本家ロスチャイルドから融資を受ける必要があった。ロスチャイルドの歓心をひくため、ユダヤ国家の建国を認めることを示唆したのである。むろん、このバルフォア宣言は、フサインとマクマホンによる合意とは相容れないものだった。イギリスはこのように空手形を切りつづけ、その後の中東問題を錯綜《さくそう》させる原因をつくった。

実際の中東の戦いでは、マクマホンとの合意を信じたファイサルがアラブ兵を率いて立ち上がり、オスマン軍を攻撃、ダマスクスに入城していた。そのとき、ファイサルとともに戦ったのが、イギリス将校ローレンスである。彼の活躍ぶりは「アラビアのローレンス」の物語として知られるが、それもイギリスの三枚舌外交の一コマと言える。

パレスチナ問題の出発点

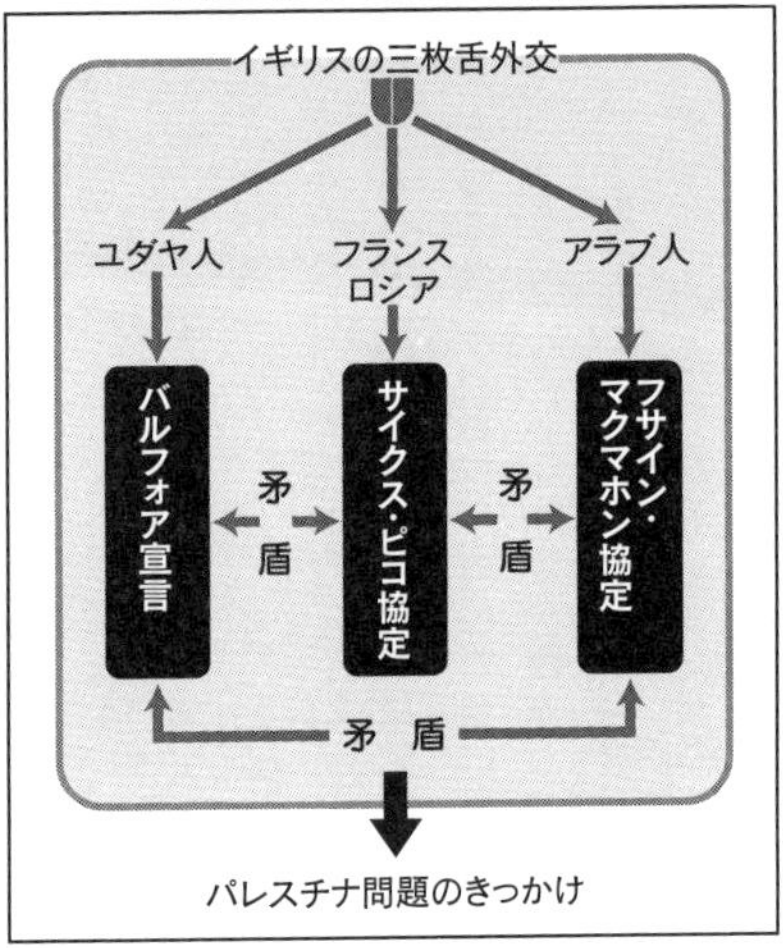

戦後、イギリスは、ファイサルらの要求を拒否し、事態は紛糾するが、結局、自治を認めていく。国力の落ちたイギリスには、ペテンを押し通す力も残っていなかったのだ。

　パレスチナでは、バルフォア宣言以来、ユダヤ人の流入が増え、アラブ系の先住民との対立が激しくなった。イギリスは、ユダヤ人と先住民の間の調停を図ろうとするが、事態を収拾できず、イギリスはついに調停を投げ出す。それが、いまなおつづくパレスチナ問題につながっていく。

アイルランドの独立

――反英の民族運動が高まった理由

アイルランドは、１８０１年にイギリスに併合されたが、以後、独立を模索しつづけてきた。第一次世界大戦は、その独立への動きを加速させる。

アイルランドがイギリスにひときわ強い恨みを抱くようになったのは、1845年からはじまった**大飢饉**によってである。当時、アイルランドでは、ジャガイモが貧しい人々の主食となっていたが、そのジャガイモが病気にかかり、収穫が激減したのだ。わずかに残ったジャガイモもイギリスが持ち帰ってしまい、3年つづいた大飢饉の間、アイルランドでは餓死者が続出した。アメリカへ逃げ出すように移民する人が増え、餓死者と移民によって、アイルランドは200万人の人口を失った。これをきっかけに、アイルランドでは、反英の民族運動が高まっていく。

第一次世界大戦に突入し、イギリスは兵士不足に陥ると、アイルランドにも徴兵制を実施したので、反イギリスの気運がさらに盛り上がる。それまで募兵には協力していた人々も、**強制的な徴兵制には反発**したのだ。

ついに1916年、復活祭（イースター）の日曜日、アイルランド市民は蜂起するが、6万人のイギリス軍に弾圧される。そのさい、イギリス側が過剰に弾圧したため、アイルランドの反英感情はさらに高まった。

第一次世界大戦後、アイルランドの独立を目指してきた**シン・フェイン党**が、アイルランドの総選挙で圧勝する。シン・フェイン党はダブリンに国民議会を設立、独立を宣言する。

これに対して、イギリスは軍隊をアイルランドに投入するが、ゲリラ戦を展開するアイルランドに勝てない。イギリスの特殊部隊「ブラック・アンド・タンズ」の蛮行は、国際社会から非難された。

1922年、イギリスはついに妥協する。**アイルランドの北部6州以外は、アイルランド自由国として自治領となった**のである。北部6州がイギリスに残ったのは、その地域にはプロテスタントの移民が多く、カトリックのアイルランドとの統合を望んでいないとされたからだ。

ただ、実際には北部6州である北アイルランドにもカトリックが多数暮らしていた。それが、後々まで尾をひく北アイルランド問題になっていく。

アイルランド自由国は完全な独立を求め、1937年、人民投票によって独立国家エールを誕生させた。エールは、アイルランドの古い名称である。

ガンディーの非暴力主義――イギリスはどのように譲歩していったのか?

第一次世界大戦で、兵士不足に陥ったイギリスは、帝国内の各地からも兵士を募った。インドも、大量の兵士と戦費を提供した。イギリスは、その戦争協力の代償として、戦後、インドに自治権を与えると約束したのだが、その約束も反故《ほご》にする。

イギリスからすれば、インドこそ国力の源泉だった。当時のイギリス人は「インドを支配するかぎり、われわれは世界最強国である。もしインドを失うようなことがあれば、すぐに三流国に転落してしまうだろう」と考える人が多かった。第一次世界大戦によって国力の衰えたイギリスは、いよいよインドの独立を許すわけにはいかなくなっていたのである。自治権を認めるどころか、1919年には**ローラット法**を施行し、独立運動への弾圧を強化する。

これに対して、インド民族運動の指導者ガンディーは、反英運動を展開していく。ガンディーは、インドの古くからの生活習慣を実践し、西洋の背広ではなく、インドの素朴な服を着て、インド人の民族主義に火をつけた。

彼の反英戦術は、暴力的な運動を避け、イギリスへの不服従・非協力を貫くことだった。彼の非暴力・不服従運動の頂点といえるのが、有名な**「塩の行進」**である。イギリスは塩を売りつけるため、インド国内での製塩を禁じたが、ガンディーらは海辺まで行進し、塩をつくってみせた。

ガンディーの非暴力・不服従運動は、しだいにイギリス本国を追い詰めていく。

1935年、イギリスはガンディーに譲歩、**新インド法**を制定して、わずかながら**自治権の拡大**を認めた。

ガンディーに対抗するイギリスの戦術は、分割統治を強化することであった。イギリスはそれまでもヒンドゥ教徒とイスラム教徒の対立をあおり、両者が協力関係を結ぶことを阻んできた。ガンディーが両者の融和《ゆうわ》を説くその一方で、イギリスは両者の不信を大きくしようと図りつづける。

だが、第二次世界大戦によって、イギリスの国力はさらに低下する。戦後、イギリスはインドの独立を認めざるをえなくなるが、インドはヒンドゥ教のインドとイスラム教のパキスタンに割れて独立する。それも、イギリスの分割統治策のひとつの結果といえる。

ヒトラーの登場——大恐慌に苦しむイギリスは、どう対処したのか?

第一次世界大戦でイギリスは戦勝国になったとはいえ、その結果は戦勝国というより、敗戦国に近かった。海外投資の4分の1が戦争のために失われ、海外市場はアメリカや日本に奪われた。ロシアに貸し付けていた巨額の金は、ロシア革命によってこげついた。

戦後、イギリスは少しずつ復興していくが、主要産業が国際競争力を取り戻すことはなかった。1925年になっても、全工業生産高は戦争前の1913年と比べて、その9割にまでも回復していなかった。

そこへ、イギリスは1929年からの**世界恐慌**の直撃を受ける。失業者は250万人を超え、国際収支は赤字となった。マクドナルド首相は、挙国一致内閣によって危機を打開しようとするが、伝統的な自由貿易政策すら維持できなくなり、**保護貿易政策**に向かった。イギリスがようやくひと息つくのは、自動車や電機など新産業が発展しはじめてからである。低金利政策による住宅ブームも手伝って、1930年代半ばには景気が回復した。

ところが、ひと息ついたのも束《つか》の間のことで、次の戦争が迫っていた。世界恐慌の混乱のなか、ドイツでナチス党のヒトラーが政権を奪取、以降、ドイツは高成長を遂げていた。

ヒトラーは第一次世界大戦後の世界体制、つまりヴェルサイユ体制の打破を叫び、国民はヒトラーの演説に熱狂した。ヒトラーの野望はしだいに膨《ふく》らみ、1938年にはオーストリアを併合、つづいてチェコスロヴァキアにドイツ系住民の多いズデーデン地方の割譲《かつじょう》を求めた。

この危機に際して、イギリスの首相チェンバレンはミュンヘンに飛び、ヒトラー、フランス首相のダラディエ、イタリアのムッソリーニらと会議を開く（ミュンヘン会談）。**チェンバレンの政策は宥和《ゆうわ》政策**であり、ズデーデン地方のドイツへの割譲を認め、その代わりにそれを最後の領土要求とさせた。

チェンバレンの宥和政策は、1930年代のイギリスの外交政策に沿ったものだった。1931年、日本の関東軍が引き起こした満州事変に対しても、イギリスは当初宥和的であった。第一次世界大戦の犠牲に懲りたイギリスは、再び戦争に巻き込まれたくなかったのだ。

チェンバレンの宥和政策は国民から大きな支持を得て、彼はノーベル平和賞まで受賞する。しかし、彼の政策はその場しのぎの妥協でしかなく、ヒトラーをさらに増長させることになった。第二次世界大戦開戦まで、残された時間はわずかだった。

エドワード8世――イギリス王室で起こった王冠をかけた恋の顚末

大陸でヒトラーが台頭している1936年、イギリス王室でかつてない事件が起きた。この年1月に、サクス・コバーグ・ゴータ朝のジョージ5世が死去、代わって彼の子がエドワード8世として即位した。

新国王エドワード8世は、まだ40代と若く、病弱でもなかったが、なんと同年の12月に退位してしまったのだ。代わって、弟のヨーク公ジョージがジョージ6世（エリザベス2世の父）として即位することになる。

エドワード8世が退位したのは、恋のためである。彼はプレイボーイとして鳴らしていたが、ウォリス・シンプソン夫人というアメリカ人女性と恋仲になる。彼女には離婚歴があったうえ、いまは新しい夫がいる身の上だった。それなのに、エドワード皇太子は彼女に夢中になってしまったのだ。

エドワード8世は即位すると、彼女と結婚する方向に事を進めていく。ウォリス・シンプソンは10月に夫と離婚、それでふたりは結婚し、彼女が王妃となるかと思われたが、政府も議会もふたりの結婚を承認しなかった。

なにしろ、国王であるエドワード8世は、イギリス国教会の首長である。その首長が2回も離婚歴のある女性と結婚し、王妃とするのは、イギリス国教会を信じる者には許せない話だった。イギリス国教会は、創始者ヘンリ8世が自らの離婚のためにつくったものだが、いまと昔では話が違った。

イギリス政府は、ウォリスを王妃と認めないという態度をとり、議会も同様だった。ボールドウィン首相は、エドワード8世に王冠をとるか、退位するかを迫り、エドワード8世は恋を選択、退位したのである。

それはそれでロマンチックな話であり、この話は「王冠を賭けた恋」として語り継がれてきたのだが、近年、首相や政府、議会が王の結婚を認めなかったことに関して、新説が登場している。ウォリスは、ナチス・ドイツの外相だったリッペンドロップと愛人関係にあり、**イギリス政府は親ナチスのウォリスから機密がドイツに漏れることを恐れた**という説だ。

また、エドワード8世には、皇太子時代から、ヒトラーのドイツやイタリアのムッソリーニからもてなしを受け、それを喜んでいた事実があった。ドイツとイタリアに対する不信感が強くなるなか、そうした傾向が嫌われたという見方もある。

第二次世界大戦——衰えたイギリスは再度の世界大戦をどう戦ったか？

1939年、ドイツ軍がポーランドに侵攻、これに対してイギリスとフランスはドイツへの宣戦布告で応じ、第二次世界大戦がはじまった。イギリスでは、宥和政策を進めてきたチェンバレンに代わって、**強硬派のチャーチルが首相となる。**

イギリスは大陸に派兵し、フランス軍とともにドイツ軍と戦うが、翌年、ドイツの機甲師団に防衛線を切り裂かれ、ダンケルクからイギリス本国へ撤退する。フランスの降伏後、ドイツはイギリス上陸を計画する。

イギリス上陸作戦に先駆けて、ドイツ空軍はイギリス本土への爆撃を開始した。ロンドンは空襲にさらされ、イギリスは大きな被害を受けるが、イギリス空軍はドイツ空軍に対抗する。イギリス空軍の頑強な抵抗の前に、ドイツはイギリス上陸作戦をあきらめ、対ソ連戦に矛先を向けていく。この空の戦いは、イギリスでは**「バトル・オブ・ブリテン」**として語り継がれている。

イギリスは、ドイツの空爆こそ退けたものの、単独で大陸に反攻してドイツと戦う力はすでにもっていなかった。第二次世界大戦の勝敗を決したのは、ドイツとソ連の戦いであり、アメリカの参戦だった。1944年のノルマンディ上陸作戦では、イギリスはアメリカ軍に協力して、対ドイツ戦の勝利に貢献した。

一方、イギリスは、太平洋戦争の開戦からアジアで日本軍と戦うが、ここでも敗戦を重ねる。日本海軍は、イギリスの戦艦部隊を撃沈、日本陸軍はマレー半島に上陸・南下して、イギリスの要塞《ようさい》都市シンガポールを陥落させる。イギリスは、香港

第二次世界大戦の国際関係

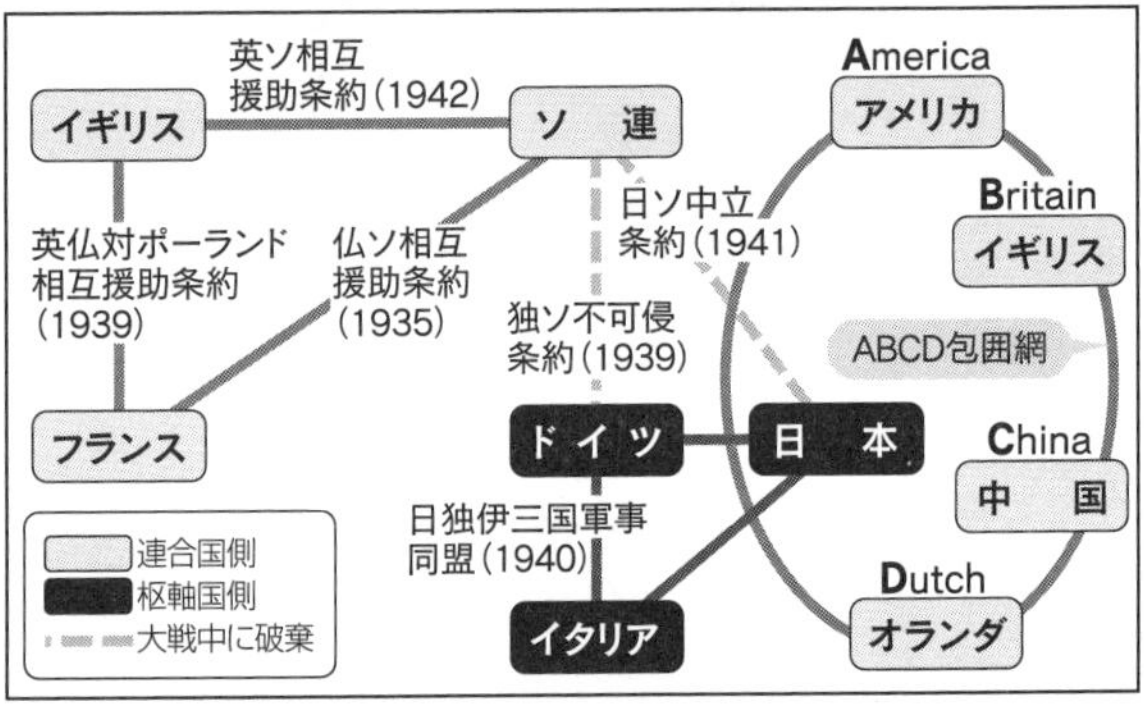

第二次世界大戦のヨーロッパ

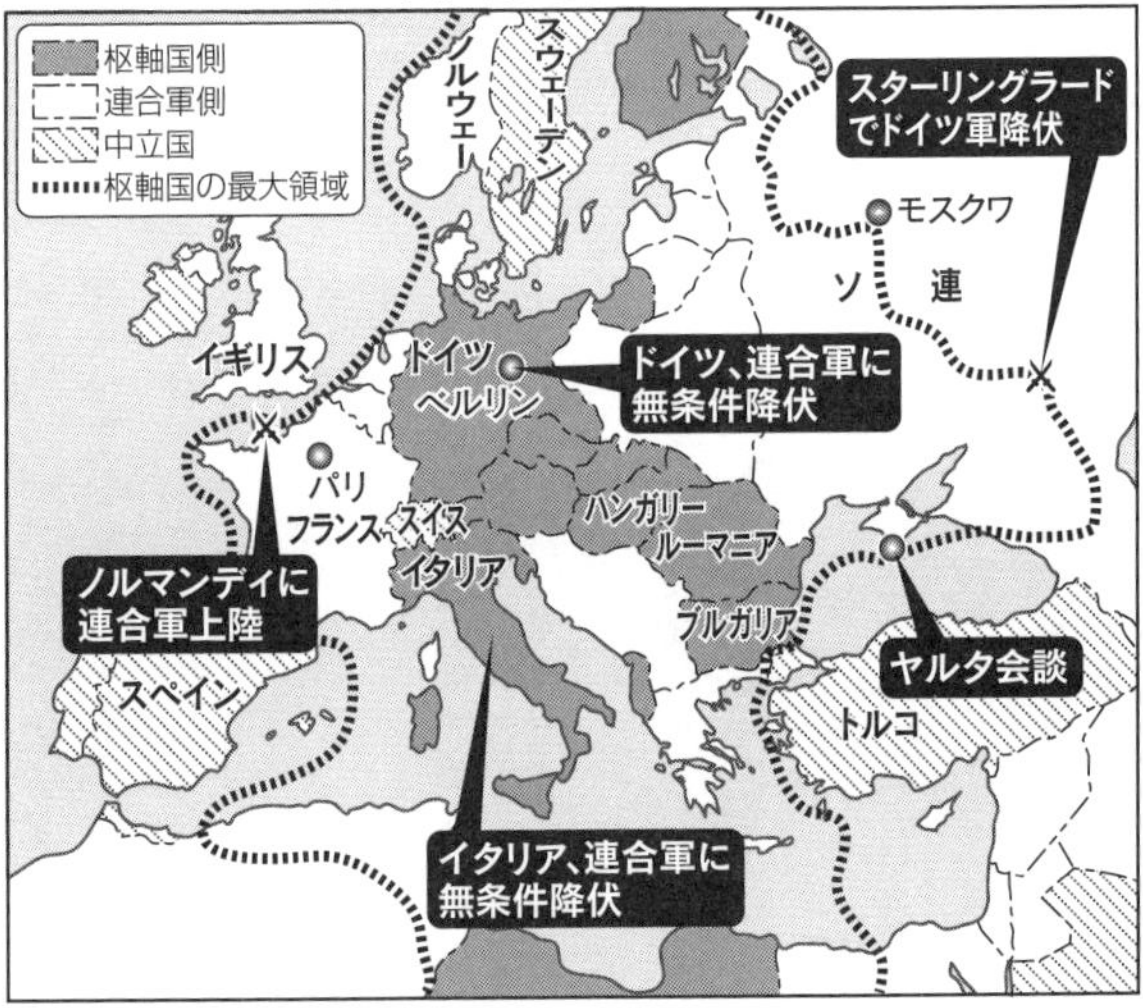

も日本陸軍に奪われた。

日本陸軍はやがてインド侵攻を目指し、インパール作戦を行なう。インドを失うわけにはいかないイギリスは、インパールの密林で日本陸軍に対抗、ようやく勝利を得る。

やがて、アメリカが日本を屈伏させ、太平洋戦争は終結するが、イギリスはアジアで失った威信を回復できなかった。回復しようにも、イギリスにはその国力が残っていなかったのである。

戦後、インド、パキスタン、ビルマ(ミャンマー)、セイロン(スリランカ)などが独立、イギリスはアジアの植民地をほぼすべて失った。

チャーチル

第二次世界大戦を戦い抜いたのは、どんな首相だったか?

イギリスが第二次世界大戦で勝者の地位を得たのは、ウィンストン・チャーチル首相の統率によるところが大きい。

チャーチルは、長所と短所がはっきりした政治家である。彼には、肝っ玉のすわった政治家、硬骨漢《こうこつかん》といったイメージがあり、実際、それが彼のセールスポイントだった。国民も、戦時にあってはチャーチルのそうした強い個性を支持した。それは、彼の首相就任劇にもよく表れている。チェンバレン首相が辞任するにあたって、チャーチルは当初、有力な後継者とはみなされていなかった。海軍大臣として指揮したノルウェー上陸作戦が失敗に終わり、その責任を問われている最中だったからである。

そんな政治情勢もあって、当初、後継候補として外務大臣のハリファックスが推されるが、ハリファックスはこれを固辞する。彼は自分の限界をよく知り、自分ではこの難局を乗り切れないことを知っていたのだ。そこで、硬骨漢にして熱血漢タイプのチャーチルが浮上したのである。

首相になったチャーチルは、その期待に応えた。彼はラジオで熱弁をふるい、空襲下の国民を勇気づけた。

チャーチルは、勝利を引き寄せるためには、手段を選ばない政治家だった。彼は共産主義嫌いで有名だったが、**ナチス・ドイツを叩くためには、ソ連のスターリンとも手を結んだ。また、アメリカを第二次世界大戦に参戦させるために、謀略もめぐらせた。**

だが、チャーチルの強面《こわもて》、硬骨な性格は、国民の離反も招きやすかった。ドイツの降伏後に行なわれた選挙では、チャーチルの保守党は敗北、チャーチルは首相の座から降りることになる。戦争を率いる指導者とは認められても、平和の時代の舵取り役としては信任されなかったのである。

さらに、チャーチルの勝利のためには手段を選ばない政治手法は、勝利のあとに禍根《かこん》を残した。ヒトラー打倒のため、ソ連と手を結んだ結果、ドイツを倒したソ連はイギリスの力ではどうにもならないほど強大化し、東欧を勢力下においてしまう。ソ連の強大化はチャーチルにとって大きな誤算であり、戦後、チャーチルはソ連批判を繰り返すことになる。

チャーチルはすぐれた戦争指導者というイメージがあるが、その点の評価も難しい。チャーチルは、第一次世界大戦では、ダーダネルス海峡侵攻作戦を企図するが、作戦は失敗に終わり、厳しく責任を問われている。また、日本軍を過小評価していたため、シンガポールをあっけなく失うことにもなった。

もうひとつ、チャーチルには硬骨漢というイメージが強いが、出世のためなら、変節《へんせつ》する人物でもあった。もとは保守党から出馬していたが、閣僚ポストが得られるとみるや、自由党に鞍替《くらが》えし、内相、海軍大臣、陸軍大臣を歴任した。

その後、自由党が力を失うと保守党に復帰するなど、風見鶏《かざみどり》的なところもある政治家だった。

ジョージ5世とジョージ6世——世界大戦中のイギリス国王はどんな人物だった？

第一次世界大戦、第二次世界大戦というふたつの大戦争の時代、イギリスの王座にあったのは、**ジョージ5世**とその子・**ジョージ6世**である。ジョージ5世もジョージ6世も屈することのない国王であり、国民を勇気づけた。

ジョージ5世は、第一次世界大戦時の王である。大戦が勃発すると、彼がまず手をつけたのは、王朝名の変更だった。ジョージ5世はサクス・コバーグ・ゴータ朝の王であるが、ドイツ貴族の名に由来するその王朝名は、ドイツと戦うイギリスにふさわしくないとみた。そこで、居城のウィンザー城の名をとり、ウィンザー朝と改めたのだ。

ジョージ5世とその王妃は、戦地に赴き、兵士を激励した。また、野戦病院を慰問し、王は国民とともにある姿勢を貫いた。

また、第一次世界大戦後、ジョージ5世はヨーロッパ王室が次々と消えていく光景を目の当たりにすることになった。

大戦前、ヨーロッパの多くの国には王室があったが、第一次世界大戦とロシア革命の衝撃が、ヨーロッパ王室を次から次へと廃絶に追い込んだ。ロシアでもドイツでもオーストリアでも、王室が消滅した。

イギリスの場合、戦勝国であったうえに、戦争中の活動によって、王室は国民の信頼を得つづけていた。イギリス王室は、大陸で起きた凄《すさ》まじい衝撃に耐えて、生き延びた。

1930年代になると、ジョージ5世は、皇太子エドワードの恋愛問題に振り回されることになる。ジョージ5世が没し、エドワード8世が1年足らずで退位したのち、ジョージ6世が即位する。

ジョージ6世は第二次世界大戦を経験することになるが、彼には言語障害があった。そのため、困難な時代の王としてまっとうできるか、政府も国民も不安に感じていた。だが、ジョージ6世は努力によってその不安を跳《は》ね返した。

彼は即位すると、**訓練によって言語障害をほぼ克服し、第二次世界大戦にあっては国民とともにありつづけようとした。**ドイツのロンドン空爆が熾烈《しれつ》化するなか、周囲はジョージ6世に疎開を勧めたが、ジョージ6世はロンドンにとどまりつづけたのだった。

１９５２年、ジョージ６世が没すると、彼の娘がエリザベス２世として即位、彼の妻だったエリザベス王妃が王太后として若き女王を支えることになる。

植民地の独立

イギリスは世界中の植民地をどのように失ったか？

greedyという英単語がある。その意味は「強欲な」。いまは、ハゲタカファンドの経営姿勢を表す形容詞としてよく使われる単語だが、帝国主義時代のイギリスの国家戦略・外交方針も、まさしくgreedyだった。絶大な経済力と海軍力を背景に、世界中に植民地を獲得し、富を収奪した。わが国も、植民地化こそ免れたものの、不平等条約を押しつけられ、莫大な金銀が流出した。

しかし、そのグローバルな収奪システムも、約1世紀で崩壊することになる。20世紀半ば、ナチスドイツとの戦いに国力を費やしたイギリスは、第二次世界大戦後、地球規模の植民地体制を維持できなくなり、次々と独立を許すことになった。「大英帝国」は崩壊のときを迎え、ただのイギリスに戻ることになったのである。

20世紀後半にイギリスから独立した植民地

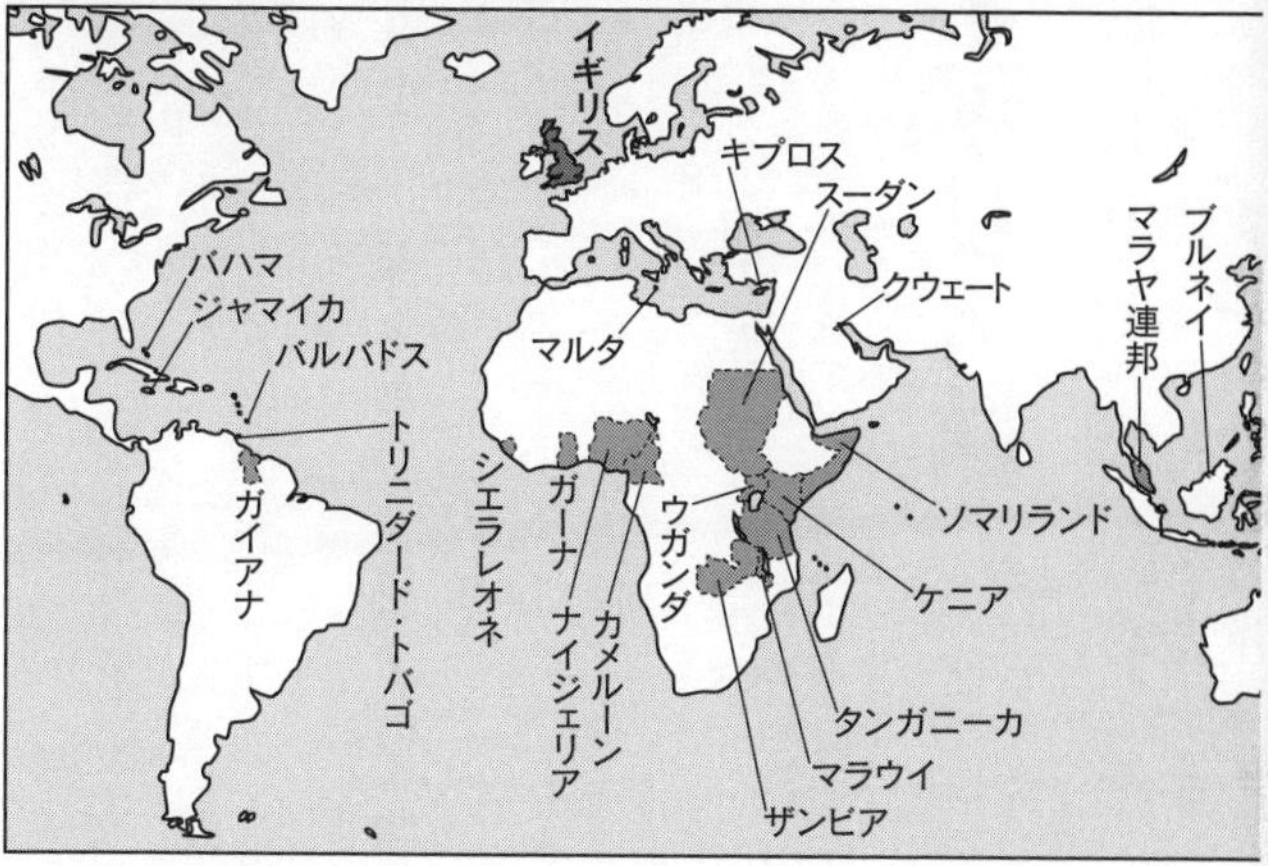

各地域の独立は、大戦直後、インドを中心とするアジアの国々から始まった。大戦中、イギリスは軍事的な協力を得るため、インドの地位に対して譲歩、終戦後の1947年、**インド独立法**を承認、**インドとパキスタンの独立を認めた。**1948年には、セイロン（現スリランカ）とビルマ（現ミャンマー）の独立を承認した。

以降、20世紀の後半、イギリスがどれほどの植民地を失ったか、あるいはそれ以前、どれほどの植民地を有していたかを「可視化」するため、イギリスから独立した主な国々を年表風に挙げておく。

1956年　スーダン
1957年　ガーナ、マラヤ連邦（現マ

レーシア）
1960年　ナイジェリア、イギリス領ソマリランド（現ソマリア）、キプロス
1961年　タンガニーカ（現タンザニア）、シエラレオネ、クウェート、カメルーン
1962年　ウガンダ、ジャマイカ、トリニダード・トバゴ
1963年　ケニア
1964年　ザンビア、マラウイ、マルタ
1966年　バルバドス、ガイアナ
1970年　フィジー、トンガ
1973年　バハマ
1984年　ブルネイ

かくして、イギリスに残された有力な植民地は「香港」だけとなった。その香港返還の顚末《てんまつ》については、225ページで述べる。

イギリス病――競争力を失い、経済低迷がつづいた理由

第二次世界大戦後、イギリスは大国としての地位をアメリカとソ連に明け渡す。

前項で述べたように植民地は次々と独立し、大英帝国を支えてきた富はすでに失われていた。国内経済も傾きつづけた。**戦後、イギリスは、労働党を率いるクレメント・アトリー首相のもと、労働者を保護する社会主義的な国家を目指した。**

まずは、主力産業の国有化が進められ、イングランド銀行や航空産業、石炭産業などが国有化された。それと同時に社会福祉政策が実施され、手厚い福祉システムがつくられた。

1950年、極東で朝鮮戦争がはじまると、その特需からイギリス経済は一時的に復活する。1954年には完全雇用がほぼ達成され、くわえて労働者の賃金は上昇し、イギリスの社会主義的政策は実を結んだかに思われた。しかし、**1955年から経済は長期低迷状態に入る。**

イギリスは、すでにほかの先進諸国に大きな遅れをとっていた。1948年から1958年にかけてのイギリスの経済成長率は、年平均でわずか2・4パーセントだったが、それに対して、西ドイツや日本の経済成長率は8パーセントにものぼっていた。フランスも5パーセント成長をつづけていた。

イギリスの産業は、国有化と完全雇用によって、競争を忘れ、新たな挑戦を怠っていた。労働組合が肥大化し、企業はスリム化できなくなっていた。イギリス政府はそうした体質に気づきながらも、政策を転換できないでいるうちに、イギリス経済はますます病んでいく。

やがて、**イギリスの経済的低迷は「イギリス病」と呼ばれるようになる。**

そして、1956年の**スエズ動乱**は、イギリスの政治的・外交的・軍事的弱体ぶりを世界にさらすことになる。エジプトのナセル大統領がスエズ運河の国有化を宣言すると、イギリスはフランス、イスラエルを誘って、スエズ運河占領のため、軍事行動を起こした。

すでに植民地主義的な論理が通用しない時代にあって、このイギリスの軍事行動は時代錯誤であった。イギリスは、アメリカをはじめとする世界の国々から非難を浴びることになる。

戦後、世界の覇者となったアメリカにすれば、イギリスの行動は、世界情勢を読めない愚かな行為だった。当時、東欧のハンガリーで政治の自由化を求める運動が起き、西側に救いを求めるシグナルを発していた。

しかし、イギリスのスエズでの行動により、世界の注目がそちらに集まった瞬間を狙って、ソ連の戦車軍団がハンガリーの自由化運動を押し潰す。スエズ動乱は、イギリスの外交的没落を象徴する事件となった。

サッチャー

「鉄の女」はイギリスをどう復活させたか?

没落の道を歩んでいたイギリスは、1979年冬、深刻な危機を迎える。労働争議が深刻化し、公共サービス業の労働者が長期ストに突入したのだ。ゴミは数週間も回収されず、死体の埋葬も拒否された。

そんななか、選挙で大勝したのが、マーガレット・サッチャー率いる保守党である。イギリス初の女性首相となったサッチャーは、「鉄の女」と呼ばれるほど信念を貫き、かつ対決を辞さない政治家であり、イギリスを復活に導く。

まず、**サッチャーが行なった経済政策は、市場主義の原理に立ち返るものだった。**サッチャーは「イギリス病」の原因を高福祉と産業の国有化という社会主義的な政策にあるとみて、市場主義政策で、この病に立ち向かったのだ。彼女は国営企業の民営化を進め、公共支出を抑制した。

彼女は、**最大の抵抗勢力となる労働組合との対決も辞さなかった。**彼女は、かつてエドワード・ヒース首相の内閣で閣僚を務めていた。ヒースは、改革に手をつけようとしたが、労働組合の抵抗にあって妥協してしまう。そのため、改革は骨抜きとなって、イギリスを衰退から救うことができなかった。その挫折を目のあたりにしていたサッチャーには、妥協という言葉がなかった。

サッチャーにとって追い風となったのは、1982年の**フォークランド紛争**である。フォークランド諸島の領有をめぐって、イギリスとアルゼンチンの両国は長くもめていたが、この年、アルゼンチンが軍事占領を開始する。サッチャーは、これをどう対処するかによって、イギリスの威信が問われるとみて、断固とした行動に出た。

まず、イギリス海軍艦隊をフォークランドに派遣、同時にアメリカ政府から支持を取り付ける。イギリス軍は7隻の艦船を失うものの、アルゼンチンを屈伏させた。その勝利は、自信を失っていたイギリス国民にとって歴史的な大勝利であり、ナショナリズムに火をつけた。やればできるという自助努力の精神が回復しはじめ、サッチャーの改革に追い風が吹きはじめたのだ。以後、イギリス経済は急速に回復していく。

サッチャーの退陣後、サッチャー改革は見直しも行なわれたが、彼女の改革は、老いた国が自ら改革できることを証明した希有《けう》なケースとなった。

香港返還

イギリスは、香港をどうやって手に入れ、どのように返還した？

１９９７年７月、イギリスは、中国に香港を返還した。その経緯を紹介するまえに、まずは歴史を1世紀半ほどさかのぼり、イギリスがどのようにして香港を入手したか、そこから述べていこう。

イギリスは、いま「香港」と呼ばれる地域を3段階にわたって、中国から奪い取った。まず、前述のアヘン戦争（１８４０～１８４２）の勝利によって「香港島」を手に入れ、次いでアロー戦争（１８５６～１８６０）で「九竜」を入手。そして１８９８年、99年間の期限付きで「新界」を租借し、現在「香港」と呼ばれるエリアを手中におさめた。

以後、太平洋戦争中の日本の占領期をのぞき、香港はイギリス総督によって統治される地となった。ただ、いつしか時は流れ、やがて「99年間」という期限が迫りはじめる。その時期に現れた中国の権力者が鄧小平《とうしょうへい》だった。鄧は１９７８年、改革開放政策を打ち出し、同時期から香港返還に向けて動きはじめる。

鄧は、「一国二制度」というアイデアを打ち出して、イギリスと交渉を開始。当時の国際世論が中国に好意的だったこともあって、イギリス（サッチャー政権）はこれを受け入れざるをえなくなった。

1984年、イギリスは、香港返還を約する中国との共同宣言に調印。85年、返還後の香港の「憲法」づくりがはじまり、90年、**「一国二制度」を原則とする香港基本法が採択**され、返還後のスキームが決まった。

97年7月、返還は実現。香港は、中国の特別行政区として、その時点では、自由な社会・経済制度と、高い自治を保つ地域として、新たなスタートを切った。当時、以後50年間は高度な自治が認められるとされたが、その言葉は事実上反故《ほご》にされ、現在、中国は**香港の民主派を弾圧し、強圧的に香港の「中国化」を推し進めている。**

メージャーとブレア——サッチャー後の可もなく不可もない20年

サッチャーの退陣後、首相の座についたのは、サッチャーと同じ保守党の**ジョン・メージャー**（在職1990年11月～1997年5月）だった。

イギリスの保守党は本来、穏健な中道右派的な政党であり、ゴリゴリの新自由主義者だったサッチャーは異端の存在だった。メージャーは、中道右派的な政治路線に戻し、可もなく不可もなく、7年弱の任期を乗り切った政治家といえる。

彼が首相の座にあったのは、冷戦体制崩壊後の時期であり、彼は外交的には、対米・ヨーロッパ大陸諸国に対する追随《ついずい》路線を穏健に進めた。湾岸戦争（1990年8月2日のイラクによるクウェート侵攻をきっかけとした戦争）ではアメリカに協力し、ヨーロッパ大陸諸国との関係では、1991年、マーストリヒト条約を締結《ていけつ》してEU（欧州連合）の発足を決め、のちに参加する。

ただし、彼は、そうした無難な政策を進めたことで、たえず現実べったりの「理念なき政治家」という批判を浴びることになった。任期を重ねるごとに支持率は低迷し、1997年の総選挙で労働党に完敗。サッチャー政権の発足来、18年間つづいた保守党政権は終わりのときを迎えた。

その労働党を率いて颯爽《さっそう》とデビューしたのが、**トニー・ブレア**（在職1997年5月～2007年6月）だった。彼は、左派寄りだった党の政策を**「第三の道」**と呼ばれる中道左派路線に切り替えて支持層を右に広げ、労働党として久方ぶりに政権の座に返り咲いた。

彼の最大のレガシーは「北アイルランド問題」を解決したことといえる。前述したように、イギリスの植民地だったアイルランドは1922年に自治権を得るが、そのさい、新教徒の多い北部6州はイギリスに残留した。これが、長くつづく「内戦」の火種になる。

第二次世界大戦後、アイルランド共和軍（ＩＲＡ）はイギリスからの離脱を求める動きを活発化させ、１９５０年代から約40年もの間、激しい独立運動とテロがつづくことになったのだ。１９７９年には、ヴィクトリア女王の曾孫《そうそん》で、政界の重鎮《じゅうちん》だったマウントバッテン卿《きょう》が爆殺されるなど、凄惨《せいさん》な事件がつづいた。

ただ、冷戦終結もあって１９９４年、ＩＲＡは一方的に停戦を宣言、イギリスはこれを歓迎した。そして１９９８年、**ブレア政権のもと和平合意（ベルファスト合意）が成立**し、「内戦」は一応のところ終結をみた。

北アイルランド問題以外では、ブレア政権は、その3年後の２００1年9月、アメリカで同時多発テロ事件が発生すると、ブッシュ政権を支持、**アメリカ主導のアフガニスタン戦争（同年）とイラク戦争（２００３年）に参戦**した。これによって、ブレアは「ブッシュのプードル」というニックネームを頂戴することになった。

ブレアは在位ちょうど10年で退陣、その後、ブラウン労働党政権を経て、２０１0年の総選挙では保守党が勝利。13年におよぶ労働党政権に幕が引かれた。

そして、保守党のキャメロン政権が誕生。イギリス最大の政治テーマは「ブレグジット（EUからの離脱）」に移っていく。

ブレグジット――なぜイギリスはEUを離脱したか？

2020年1月、イギリスはすったもんだの末、EUから脱退した。この項ではまず、イギリスとヨーロッパ大陸諸国の共同体との、微妙で複雑な関係について振り返ってみよう。

まず、第二次世界大戦後、ヨーロッパ大陸では、経済的協力関係を求める動きがはじまる。それは、戦後復興を円滑に進めるとともに、以後、フランスとドイツが再び戦火を交えることがないような、密接不可分な関係を築くための模索だった。

先駆的組織を経て1958年、フランス、ドイツ、イタリア、オランダ、ベルギー、ルクセンブルクの6か国によるEEC（欧州経済共同体）が成立する。

イギリスは、それに対抗して1960年、スウェーデン、ノルウェー、デンマーク、オーストリア、スイス、ポルトガルの7か国で、EFTA（欧州自由貿易連合）を結成する。しかし、中堅国を集めたところで、フランス、ドイツ、イタリアが揃い踏みしたEECにまったく対抗できず、イギリスは早くも1963年、EECに加盟を申請した。しかし、フランスのドゴール大統領に拒否され、外交的な赤恥をかくことになった。

一方、EECは1967年、EC（欧州共同体）に発展。イギリスは加盟を3度申請して、1973年、ようやく加盟を認められた。以後、冷戦終結を経て、ECはEU（欧州連合）に改組され、中欧・東欧に加盟国を拡大していく。イギリスはその中心的メンバーになってはいたものの、2002年に導入された欧州単一通貨ユーロには参加せず、ポンド体制を維持、大陸諸国とは一線を引きつづける。

その間、イギリス国内では「EU離脱論」がくすぶりつづけていた。**EUへの負担金が重すぎる**ことがおもな理由だが、2010年代に入ると、リーマンショック後の不景気のなか、**EU内を移動して入国してくる移民の増加**を問題視する声も高まり、ポピュリストグループが国民を煽動《せんどう》、離脱が現実的な政治課題となっていく。

2016年、キャメロン保守党政権は、EU離脱の是非を問う国民投票を実施した。同政権は、離脱反対で過半数を得て、離脱論を封じ込めようと国民投票に踏み切ったのだが、その思惑は裏目に出る。

離脱賛成派が過半数を占め、同政権はその政治責任をとって辞任。つづくメイ政権は、国民投票で示された国民の意思に従い、EU離脱を進める姿勢をとるが、離脱条件をめぐってEUとの交渉が難航し、2019年に退陣。ボリス・ジョンソンがあとを継いだ。

2020年1月、ようやく離脱関連法案が成立、イギリスは同月、EUを脱退した。しかし、その後、EU脱退の悪影響、コロナ禍《か》、ロシアのウクライナ侵攻などの影響で、物価高などの経済問題が噴出。スキャンダルなどもあって首相が次々と辞任、2020年代のイギリスは政治的にも混迷の時期を迎えている。

エリザベス女王——英国史上、最も長く在位した王の人生

国政が混迷するなか、2022年9月8日、エリザベス女王（エリザベス2世）が亡くなった。在位期間は70年214日で、英国史上、最長期間、王座にあった王だった。女王の96年におよぶ生涯を振り返ってみよう。

エリザベスは1926年、ヨーク公（後のジョージ6世）の長女として誕生した。子供の頃は、父が国王ではなかったため、伸び伸び育てられたと伝えられる。だが1936年、伯父《おじ》のエドワード8世が退位し、父が国王に即位したことで、彼女は王位継承者第一位となる。

チャールズ3世の系図

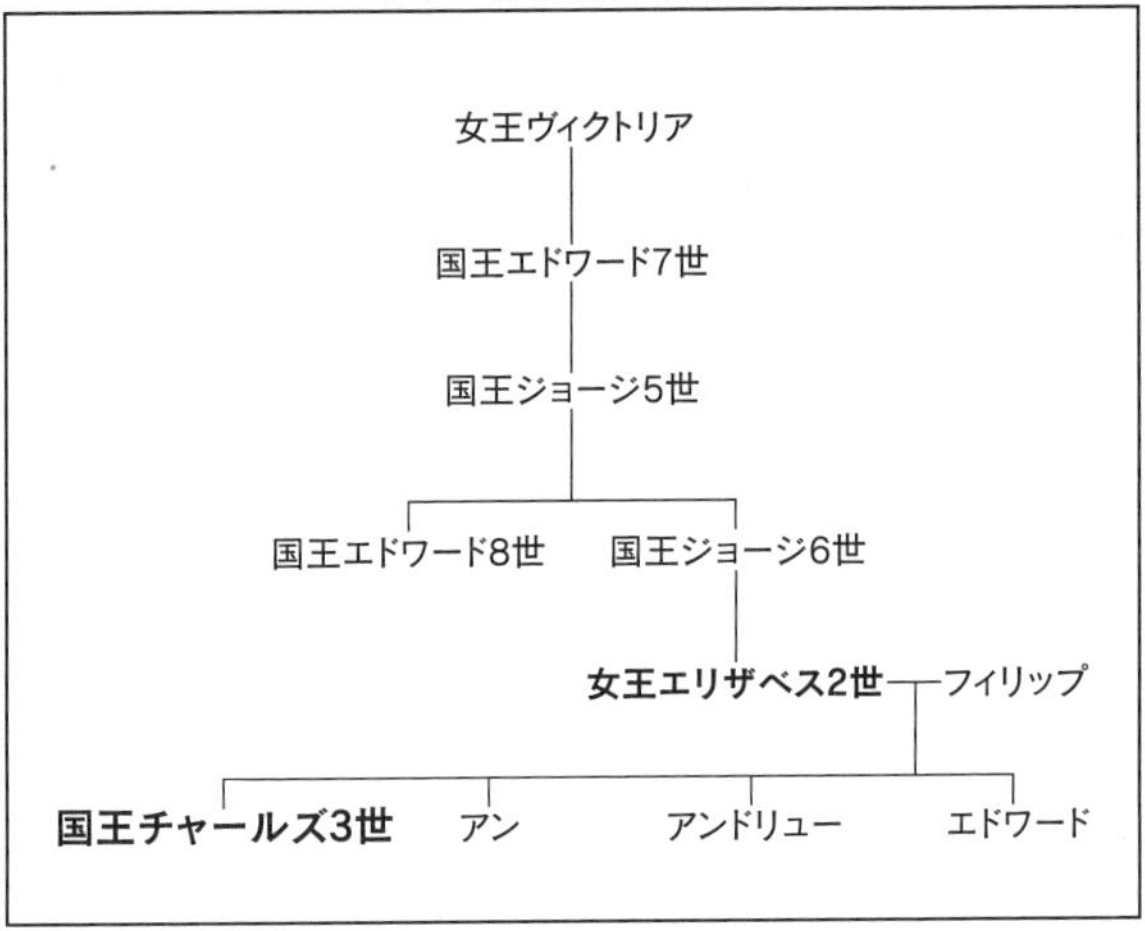

即位前の１９４７年、彼女は、ギリシャ王室出身のフィリップ（エディンバラ公）と結婚。彼女が父の母校を訪問した際、案内役のフィリップに一目惚れし、それが二人の関係の発端だったと伝えられる。後に、ふたりの間には、チャールズ（現国王）、アン、アンドリュー、エドワードの４人の子どもが生まれた。

　１９５２年２月、ジョージ６世が死去すると、エリザベス２世として即位。翌年の戴冠式《たいかんしき》は、70年後の葬儀と同じく、ウェストミンスター寺院で行なわれた。即位後、世界各地を訪問し、１９７５年にはわが国にも訪れている。

長い在位中、王室は、数々のスキャンダルに見舞われつづけた。彼女は、その最大の「火消し役」をつとめ、国民の間に王室廃止論が広まるのを防ぎつづけた。とりわけ、チャールズ皇太子がダイアナ妃と離婚、またその後の同妃の不慮の死によって、王室に対する国民感情が悪化した時期も、優れた判断力を発揮して事態を乗り切った。

そして2022年、女王は、静養先のスコットランドのバルモラル城で亡くなり、イギリス史上、最高齢の君主として生涯を終えた。

「イギリスは、女王の時代に繁栄する」という言葉があるが、彼女の時代はどうだったのだろうか？

そもそも、この言葉は、エリザベス1世、ヴィクトリア女王が統治した時代を指し、エリザベス1世の時代にはイングランドは小さな島国からヨーロッパの強国にのし上がり、ヴィクトリア女王の時代には大英帝国を築きあげた。

では、エリザベス2世の時代は？――その70年間は、この大国が下り坂を歩みはじめた時代であり、「ますます繁栄した」とはいえないだろう。ただ、坂道を下りながらも、転落はしなかったとはいえる。イギリスはいまも、GDPでは世界7位に位置し、国連の常任理事国の一角を占め、国際政治のなかで隠然たる発言力を維持している。

世界史上、真っ逆さまに頭から落ちた大国が多いなか、イギリスは巧みに軟着陸したといえるのではなかろうか。

◉左記の文献等を参考にさせていただきました——

「世界の歴史」「英国王室史話（上）（下）」森護（以上、中央公論新社）／「世界の歴史」（講談社）／「近代イギリスの歴史」木畑洋一、秋田茂（ミネルヴァ書房）／「イギリス歴史の旅」高橋哲雄（朝日新聞社）／「図説ロンドン塔と英国王室の九百年」出口保夫（柏書房）／「世界を騒がせた女たち」マルコム・フォーブス、ジェフ・ブロック（草思社）／「物が語る世界の歴史」綿引弘（聖文新社）／「学校では教えてくれない世界の偉人の謎」小倉一邦（学研）／「人物世界史1・2」今井宏編／「人物世界史3・4」佐藤次高編（以上、山川出版社）／「最新世界史図説タペストリー」（帝国書院）／「グローバルワイド最新世界史図表」（第一学習社）／「図説イギリスの歴史」指昭博／「図説イギリスの王室」石井美樹子（以上、河出書房新社）／ほか

本書は、２０１２年5月に刊行された
ＫＡＷＡＤＥ夢文庫『イギリスの歴史が2時間でわかる本』に
加筆・修正した「最新版」です。

KAWADE
夢文庫

最新版
イギリスの歴史が2時間でわかる本

二〇二三年五月三〇日　初版発行

著　者……歴史の謎を探る会［編］
企画・編集……夢の設計社
東京都新宿区早稲田鶴巻町五四三〒162-0041
☎〇三―三二六七―七八五一（編集）
発行者……小野寺優
発行所……河出書房新社
東京都渋谷区千駄ヶ谷二―三二―二〒151-0051
☎〇三―三四〇四―一二〇一（営業）
https://www.kawade.co.jp/
装　幀……こやまたかこ
印刷・製本……中央精版印刷株式会社
DTP……株式会社翔美アート
Printed in Japan ISBN978-4-309-48598-0